富田昭次
Tomita Shoji

「おもてなし」の日本文化誌

ホテル・旅館の歴史に学ぶ

青弓社

「おもてなし」の日本文化誌——ホテル・旅館の歴史に学ぶ

目次

装丁――Malpu Design［清水良洋］

はじめに――近代のおもてなし事始め

こんなところにホテルが建つのだろうか

二〇一六年五月、日本でG7伊勢志摩サミット（第四十二回先進国首脳会議）が開催された。会場になったのは三重県賢島の志摩観光ホテルだった。

いまでこそ同ホテルの名声は広く行き渡っているが、六十年以上前の開業直後にはさまざまな課題を抱えていた。志摩観光ホテル創立三十周年記念誌『浜木綿』には、いまからすると意外な苦心談が記されている。

このホテルは、一九五一年（昭和二十六年）に開業した（図1）。当時は建築資材不足で、三重県鈴鹿市にあった海軍航空隊の集会所を移築しての開業だった。その集会所を設計した建築家の村野藤吾がホテルの設計も任されたが、予定地を見て「がっかりした」という（村野藤吾「創建の頃、前後」、前掲『浜木綿』所収）。

「景観は抜群だが、馬の背のようなところに、小松や低い雑木があるにはあるが、雑草も生えぬような痩地であった。敷地内を探して、やっと、低いところに湧水の場所が見つかったが、どれだけの湧水があるか不安であった。こんなところにホテルが建つだろうかと思ったくらいである」

先頭に立って開発を進めた川口四郎吉（会社設立時は専務、のちに社長）も不安を抱えていた。

「志摩上水道が完成するまで、水には胸が締めつけられるような思いをさせられどうしであった」

（前掲『浜木綿』での談話「回想三十年」）

開業時、ホテルは水源を浅い井戸四本に頼るような心細い状況で、「特に夏のシーズンや正月になると、毎年のことながらどうなることかと心配した」。その後、専門家の指導で新たな井戸を掘削して、ようやく水を十分に確保することができた。それでも、志摩上水道が完成するまでの十八

図1　戦後いち早く国立公園に指定された地に開業した志摩観光ホテル。「〔従業員として：引用者注〕地方の娘さんや青年たちを仕込むのは大変ではあったが、サービスの良いホテルだと最初から一応は評判が良かったようである」（川口四郎吉、志摩観光ホテル編『浜木綿』志摩観光ホテル、1979年）

年間、水にまつわる苦難が続いたという。

そんな賢島になぜ、ホテルが開発されたのだろうか。

伊勢志摩地区は一九四六年(昭和二十一年)、戦後いち早く国立公園に指定された。すると、三重県は内外の観光客を誘致するためにはホテルが必要と判断し、近鉄と三重交通を交えて三者の共同出資で志摩観光ホテルを設立した。出資金は近鉄千五百万円、三重県一千万円、三重交通五百万円という割合になった。

次の議論は建設地の選定に移った。場所は鳥羽と賢島に絞られた。近鉄としては鳥羽のほうが名古屋や大阪から近く経営しやすいと考えたが、「県としては奥の方から開発してもらった方が良いし、三重交通としても志摩線の終点に建設した方が良いに決まっていた」(川口の前掲「回想三十年」)。三重交通の場合は確かに川口が述べるとおりだろうし、三重県は、賢島を建設地にしたほうが地域全体の開発の起爆剤になると考えたのではないだろうか。結局、賢島に決まったが、水の確保は当初から問題視されていたという。

「働く人たちの心が明確に存在している」

志摩観光ホテルは客室数二十五室、従業員数三十六人の規模で開業した。川口はこのホテルを「風格のある上品なホテルに育て上げたい」と考えていた。豪華ではなく、規模も小さい。派手な演出で目先の利益を追うことはできない。それならば、客に「もう一度行きたい」と思わせるような品格のあるホテルを完成させようと思い至ったのである。そのためには「サービスを良くするよりほかに方法はない、と考え、機会あるごとに、社員に接客態度や言葉遣いなど、いわゆるサービスの在り方について、くどいほど繰り返し述べてきた」（前掲『浜木綿』）という。

その努力のかいあって、ホテルの宿泊者名簿には知名の士の名前が連なるようになっていく。そのなかの一人、作家の山崎豊子は名作『華麗なる一族』（新潮社、一九七三年）の冒頭でこのホテルの情景を描写したほどだが、そのほかにも多くの作品をこのホテルの部屋で執筆した。そのときの思い出話を前掲『浜木綿』で、「わが作品のふるさと」と題してつづっている。

例えば、『花のれん』（中央公論社、一九五九年）の原稿を書き上げ、郵便局から発送してもらうべく、深夜にフロントへ下りていき、夜警の男性に原稿を手渡すと、「これはこれは、お精が出ます、承知致しましたです」と、自分の大切なもののように受け取ってくれたこと。また、夜食にと、おにぎりと番茶を運んでくれた客室係の女性のこと。部屋にこもって原稿を書き続ける者に適切な献立を考えてくれた高橋忠之料理長（第12話を参照）のこと。

山崎は「志摩観光ホテルは、風景の美しさと、設備の良さだけではなく、そこに働く人たちの心が明確に存在していることが、すばらしい」と褒めたたえている。

業界が協力して取り組んだサミットでの接遇

国賓を、あるいは国賓に準じるような人々を接遇する――これこそ、究極のおもてなしの場と言えるだろう。主要先進国の首脳会議では毎回、入念な準備によるおもてなしの様子が見られるようだ。

例えば、日本で初の地方開催となった二〇〇〇年の沖縄サミット（第二十六回主要国首脳会議）。来日した国賓たちは十カ所のホテルに分宿したが、接遇については、外務省の依頼でホテルオークラがスタッフ全体の研修を担当した。その内容は、国旗やレッド・カーペットの取り扱い方、車両の誘導、警備、防災、客室整備、調理衛生、テーブル・セッティングなど多岐にわたった。こうしたホテル間の業務提携やグループなどの枠を超えた研修活動は、業界では極めて異例だった。

また、各国の報道関係者が集うプレスセンターでの約四万食の料飲サービスも同ホテルが技術支援をした。現地では厨房の十分な整備が困難なため、同ホテルが食材の手配と基本調理をおこない、半調理品を真空パックにして空輸する流れになった。冷凍食品でも対応はできたが、料理のおいしさを重視した結果、この方式がとられたという。

二〇〇八年の北海道洞爺湖サミット（第三十四回主要国首脳会議）は単一のホテルを会場とし、各国の首脳がホテル敷地内を一歩も出ることなく開催されたが、それだけに舞台になったザ・ウィンザーホテル洞爺リゾート＆スパの存在が大きく注目された。

同ホテルは、ホテルエイペックス洞爺として一九九三年に開業した。バブル期に開発され、総投資額六百六十五億円という巨額な費用が投じられて建設された会員制高級ホテルだったが、開業前にバブル経済が崩壊、ホテル経営も暗礁に乗り上げた。

ホテルエイペックス洞爺は四年後の一九九七年にザ・ウィンザーホテル洞爺（当時）として生まれ変わり、再出発した。それでも、主力銀行・北海道拓殖銀行の経営破綻の影響を受けて九八年に営業停止になってしまう。だが、洞爺湖を見下ろす山上にあるという立地、贅を尽くした空間に引かれない経営者はいなかった。二〇〇二年、新しい資本によってよみがえった。

このような浮沈を繰り返したホテルが、サミット会場という最高の栄誉を得たのである。数年前には考えられなかった事態に、関係者たちは驚き、そして発奮して万全の態勢を整えた。各国の先遣隊のあらゆる要求に応え、各国大使館から送られてきた首脳たちの嗜好リストを参考におもてなしの手法を研究していった（なかには客室のベランダを花で埋め尽くしてほしいという要望に従ったこともあった）。

また、日本ホテル協会も協力を惜しまず、加盟ホテル五カ所から経験豊富なスタッフ数十人を送り込んだ。

山本寛斎による装飾と歓迎行事で始まり、三日間の日程を終えたサミットの最終日。福田赳夫首相夫妻を見送るスタッフ全員は泣き笑いの表情を見せていた。無事終了したという安堵感と困難な仕事をやり遂げた達成感が彼らの心を満たしたのだ。福田首相夫妻も満足げな表情でスタッフ一人ひとりに挨拶して帰路に就いたという。

幕末に見られた一億五千万円の大饗宴

そもそも、近代の始まりにおいて、わが国はどのような形式と内容で外国の賓客をもてなしたのだろうか。

一八五四年（嘉永七年）三月八日、日本の開国を要求して前年に続けて来訪したマシュー・ペリー提督艦隊の一行に対して、徳川幕府側が饗応のために日本料理を用意した。料理を請け負ったのは、江戸・日本橋の百川《ももかわ》だとされる。

加藤祐三は『黒船異変』で「記録は各種異なり、浦賀宮ノ下の岩井屋などが請けたともある」と記している。

このあたりの事情について、斎藤多喜夫は「日米宴会合戦」(「横浜」二〇〇四年夏号)で次のように述べている。

「瓦版によると、この料理は江戸浮世小路百川茂左衛門が金二〇〇〇両で請け負ったとされていますが、消息通の藤岡屋由蔵が伝える情報によると、浦賀宮下の岩井屋富五郎が浦賀奉行所から請け負ったものの、良い料理人がいなかったので、百川の弟子を雇ったそうです」

さらに詳しい経緯を、小泉武夫が『幻の料亭・日本橋「百川」』で述べている。同書によると、饗応の宴の責任者は、応接掛五人衆の一人、儒者の松崎満太郎《みちたろう》だった。松崎とはどんな人物だったのか。M・C・ペリー著、F・L・ホークス編纂『ペリー提督日本遠征記』(下)によると、松崎は最初にアメリカ側に告げられた委員のなかにはいなかった人物で、そのせいか、アメリカ側は公儀の密偵だろうと推測していたという。

「みんな一様に松崎には不快な印象を受けた。(略)彼は少なくとも六〇歳にはなっており、背が高く、げっそり痩せていて、非常に黄色い胆汁質の顔に(略)」

松崎の容貌はともかく、彼は横浜や浦賀あたりで料理屋を探したが、適当なところが見当たらず、知己の百川茂左衛門に五百人分(アメリカ側三百人分、日本側二百人分)の料理を依頼することになるのである。

百川は明和・安永（一七六〇年代から七〇年代にかけて）の時代に創業した名料亭である。小泉の著作によると、このとき、幕府の意向に沿い、格調高い本膳料理で五百人分、今日の金額で一億五千万円の大饗宴を実現させたのだ。

なお、前出の岩井屋富五郎は、小泉の著作によれば長い間百川にいた料理人で、茂左衛門が助っ人に頼んだのだという。

江戸前の味はアメリカ人には淡泊すぎた？

この百川に加えて、八百善が関わったとの話も伝わっている。江守奈比古の『懐石料理とお茶の話』（上）のなかで、当時、江戸・山谷にあった八百善の八代目主人・栗山善四郎が次のように語っているのである。

「江戸幕府も末期となって来た嘉永のころ、（略）今でいうと夜の十時頃に山谷の門を誰かが「御用、御用」と言ってたたきます。（略）御用命をたまわりますと、実は「何月何日亜米利加の御使節の御接待を致すので、八百善に於て料理万端相勤めるように」との御達であったのです。つまりペルリ一行を横浜の応接所で御接待申し上げることになったのです。（略）本石町表河岸の百川という料理屋と相談してやれ、ということでした」

同書によれば宴会場の設営も八百善が受け持ったという。ペリー一行が座る椅子については増上寺や浅草寺などから僧侶が使う曲彔《きょくろく》を集め、日本側には床几《しょうぎ》（折り畳み式の腰掛け）を用意したこと、テーブルについては板の上に白い布を掛けて準備した。

こうして大がかりな宴会が用意されたにもかかわらず、この接待を受けたペリー艦隊一行は次の簡単な一文で片付けている。
「彼ら〔交渉相手の日本側の役人：引用者注〕は席を立つときに、提督と部下の士官に軽食をとるよう勧め、酒、果物、スープ、魚からなる食事がすぐに出てきた」（前掲『ペリー提督日本遠征記』下）
これが本当に大饗宴に関する記述なのだろうか。軽食とはだいぶ軽んじられた表現だが、その理由を前出の斎藤は「江戸前の味は淡泊にすぎて、ペリー一行の胃袋を満足させることはできなかったようです」と推測する。前出の小泉もこう記している。
「彼らには魚を食べる習慣はあまりなく、肉や乳製品、油脂をたっぷり使った料理を毎日食べている。鰹節や昆布、醤油や味噌、日本酒、味醂などでさっぱりと味をつけた、魚中心の料理が気に入るはずはないのである。おそらく三百人のアメリカ人全員が、ひもじい腹を抱えて船に戻ったことだろう」
和食が世界的ブームの今日ならばともかく、百六十年以上も前のことなら無理もない話である。また、この大饗宴から二十三日が過ぎた日米和親条約締結後に日本側が提供した料理にも、彼らはいい印象を抱かなかった。
「日本委員の饗宴は、賓客〔アメリカ人：引用者注〕にはさほど好印象を与えたというわけではなかった。（略）神奈川では最高の品を手に入れるのが困難なので、食事がみすぼらしいものになってしまったと陳謝されたのは事実だが（略）」（同書）
それでも、「主人側の好意には大いに満足した。その優雅で行き届いた心遣いは、礼儀のうえで欠けることがなかった」との評価もあった。

遠征隊に随行した宣教師で外交官のサミュエル・ウェルズ・ウィリアムズの『ペリー日本遠征随行記』には、その内容がもう少し詳しく述べられている。

「条約の調印が終ると、思いがけなく、料理が運ばれてきた。最初のご馳走は、お茶と結び目をつくった糖菓《キャンデー》とカステラ風の菓子であった。つぎは生牡蠣、茸の吸物、西洋梨の煮物、煮て圧縮した卵を細く切ったもの、砂糖で味つけした海草、生生姜《きしょうが》、ゆでた胡桃《くるみ》、茸、それに好みに応じて冷酒と燗酒が出た。(略)これらの料理は首里で出た正餐とはまったく異なっていた。神奈川でさえこうなのだから、江戸でなら、もっと豪勢なご馳走にあずかったに違いない」

財政難のなか、国賓第一号のエジンバラ公を接遇

近代のわが国が最初に国賓として迎えたのは、世界周遊中のイギリス王子エジンバラ公アルフレッドだった。一八六九年(明治二年)のことで、明治政府は完成したばかりの延遼館で王子を丁重にもてなした。

延遼館については拙著『ホテルと日本近代』(青弓社、二〇〇三年)で述べたが、最新の研究成果が東京都公文書館編『延遼館の時代』として刊行されているので、ここでは同書を参考に概観してみよう。

延遼館とは、今日の東京・浜離宮恩賜庭園にあった石室という建物を改装して迎賓館に仕立てたものである。興味深いのは、明治政府がこの初めての国賓をどのようにおもてなししようと考えた

か、である。

例えば、エジンバラ公が東京近郊の遊歩を希望した場合、箱根や熱海を案内しようと考えた。時期が夏なので、避暑のために熱海から箱根へ回り、温泉に入浴してもらえば、手厚い接遇になるだろうというわけだ。

イギリス書記官のA・B・ミットフォードからは、日光はどうかとの案が出ている。しかし、日光だと陸路で行かなければならず、費用もかかる。熱海ならば、イギリスの軍艦に依頼できるから、その分費用がかからなくて助かる、などとちゃっかりしたことも考えている。この時代、明治政府は財源不足の状態にあり、節約志向にならざるをえなかったようだ。

結局、熱海・箱根行きも中止、七月二十五日から八月三日までの延遼館滞在期間中は東京での催し物が中心になったが、いろいろと工夫し、能や狂言、相撲や花火、太神楽、放鷹などの見物でさまざまな日本文化を楽しんでもらった。

苦しい台所事情のなか、少し無理をして豪勢な本膳料理も振る舞っている。料理の仕出しを担当したのは、前出の八百善である。

のちに、日本の外務卿はエジンバラ公から感謝を述べる手紙を受け取ったという。この時期の明治政府としては精いっぱいの対応を見せたわけで、それが王子の心に伝わったのではないだろうか。

西洋的な宮殿だったら、がっかりしただろう

最初の国賓を迎えた十年後の一八七九年（明治十二年）、アメリカの大統領を務めて政界を引退し

たユリシーズ・グラント将軍が国賓として来日、二カ月間の滞日生活を送ったが、その拠点になったのがやはり延遼館だった。

当時の延遼館の様子が『グラント将軍日本訪問記』として書き残されている。記したのは、将軍の書記を務めたジョン・ラッセル・ヤング。彼の記述から少し詳しく振り返ってみよう。まず、延遼館に対する第一印象である。

「もし宮殿のイメージがヨーロッパ的であったり、アメリカ的であったとすれば、延遼館にはがっかりさせられる。どういうわけか、宮殿といえば、豪奢、華麗、たくさんの色彩と飾りつけ、室内装飾と大理石などを思い出してしまう。が、延遼館にはこの種のものは一つもない」

西洋建築でなかったのが逆に好印象を持たれたのだろうか。周囲の雰囲気はどうだろう。

「小山の頂上から延遼館を見下ろしたときの印象は、すっかりこの建物が世間から隔絶されていることである」

「活気に満ちた、古い、人口稠密な都会にあっても、延遼館に入ると、城郭の中にでもいるように安全であり、世間から隔離されているような気がする」

「庭園は広く、庭造りの出来栄えと美しさは特筆に値する。造園術にかけては、日本は世界をしのいでいるし、延遼館の庭園以上にすばらしい実例を見たことがない」

浜離宮、そしてそのなかに位置する延遼館は、当時の新橋駅から馬車で数分の距離にある。そうした便利な場所にありながら、今日で言えばアーバン・リゾートのようなくつろげる佇まいと和風の建物がグラント将軍一行を感激させたのかもしれない。

ことにヤングは庭園内の東屋に魅せられた。

「東屋は研究に値する。日本は、きれいな、木目の細かい、天然材の美しさとか、ガラスや塗料の欺瞞性を、世間に教えたのである。(略)この東屋ほど飾り気がなく、風雅なものはあるまい」

グラント将軍というよりもヤング個人が贅肉をそぎ落としたような日本建築を評価したのは、彼にそれを受け入れるような感性があったということなのだろう。

ヤングは、その東屋で、明治天皇とグラント将軍が非公式に二時間ほど会談したことにもふれている。その内容は前掲書に譲るが、ヤングはこの会談について「日本の現代史上、最も重要な事件の一つが起こった」と述べている。「誰も帝《みかど》の顔を見ることができなかった」つい先頃までの時代に思いを馳せ、感銘を受けたようだ。

延遼館で過ごした穏やかな日々

ヤングは、延遼館の建物や庭園そのものばかりでなく、それを取り巻く人々に関しても細かく観察している。

「われわれの主人役は懇切をきわめ、この宮殿の外に出るときには必ず警護がついた」

海軍の友人と庭園内を散歩していると、「後ろには召使いが二名控えているのだが、彼らはまるで地中から出て来た人間のようであった。彼らはいいつけられなくとも、水やブドウ酒や葉巻などをのせた盆を運んでくる」。

「日本の高官も延遼館で起臥《きが》を共にし、われわれと家族同様に暮らした。彼らは天皇の代理であり、グラント将軍につくし、できるだけ彼の滞在を快適なものにしようとした。日本の友人の親切ほど、思いやりに満ちて慇懃《いんぎん》なものはなかったであろう」

日本の高官までもが一行と家族同様に暮らしたということは、何一つ間違いが起きないように、と万全の態勢をとったためだろうか。

盆栽を手入れする庭師の仕事ぶりについては、「ちょうど宝石細工師が宝石を念入りに磨くように、樹を削り取ったり、刈り込んだり、美しくしたりする」と表現し、芝生や花壇の手入れを「刺しゅうを施している絹の織物でもあるかのように」保っていると例え、驚いている。ただし、グラント将軍は「小家族が冬の間を食べて過ごせるだけの手間が、盆栽にかけられた」と言って、庭師の仕事の過剰さに疑問を呈したようだ。おもてなしに対する評価は、それを受ける人の価値観によって大きく左右されるということが示された一文である。

ところで、延遼館には「玉突き室があり、毎朝ここに東京の商人がやって来て、服地や鎧《よろい》や刀やありとあらゆる珍しい品々を見せたり、売ったりした」という。いわば〝商人のおもてなし〟でも一行は楽しいひとときを過ごした。「延遼館で過ごした日々ほど穏やかなものはなかった。われわれは本を読んだり、手紙を書いたり、庭園を散歩したり、夜遅くまでベランダに腰をおろし、国や東洋のことや日本旅行のことなどを話した。われわれはますます日本が好きになって」いったという。

国家建設の成果を示した延遼館と宴会マニュアル

延遼館は一八八八年（明治二十一年）までに十二回、十三人の国賓を接遇してその歴史に幕を閉じることになるが、その間、明治初期の外交会談や条約締結の場として、また外国公使などの接待の場として、さらには政府首脳が開く晩餐会や夜会の場として利用されるなど、さまざまな重要イベントの舞台になった。

前掲『延遼館の時代』は、延遼館の歴史を研究することは、「この時期の日本が「文明国」間の交際を学び、いかに「文明国」としての国家建設の成果を内外に示したのか、そのプロセスを知るために重要となるでしょう」と締めくくっている。延遼館は、まさに日本人が近代流のおもてなしを学び、実践する舞台として重要な役割を果たしたのである。

そして、その学びの成果が「内外交際宴会礼式」に結実している。これは、当時外務卿を務めていた井上馨が主導して作成したいわば政府の宴会マニュアルである（「私会之部」と「皇室朝廷ノ部」が作成された）。

井上は、外賓の来日が相次いだために外賓接遇の礼式を定めることの必要性を感じていたところ、欧米には貴人をもてなすための一定の慣例があることを知った。そこで、井上が外賓待遇礼式の取調委員長に就任してマニュアル作成に着手、一八八〇年（明治十三年）十二月に「内外交際宴会礼式」を制定したのである。

前掲『延遼館の時代』にその内容の一部が紹介されている。

例えば、宴会には晩餐会、夜会、園遊会、茶会、舞踏会の五種類があり、それぞれの項目で開始時刻や終了時刻、もてなしの内容が定められていた。

では、夜会とは何か。夜会の開始時刻は通常、午後八時半から九時半の間で、深夜十二時には閉会すること。その目的はあくまで賓客の相互親睦であること。したがって、酒食については食卓上にオードブルを並べ、飲み物は給仕が提供するなど立食形式であり、出席者が自由に交流しやすいものにすることと教えていた。

また、一つの章を割いて「婦人を扶助するの礼」という項目もあった。これは女性に対する礼式で、いわゆるレディ・ファーストの礼儀を教えている。

このように、「内外交際宴会礼式」の内容は、社交慣れしていない当時の日本人にとっては初めて知ることばかりであり、西洋式おもてなしを提供するのに重要な指針となったのではないだろうか。

東京府知事主催の華麗なる夜会

この礼式が定められたばかりの翌年一月、礼式に即した初めての晩餐会と夜会が延遼館で催された。主催者は松田道之東京府知事夫妻。婦人用化粧室もしっかり整備されたという。このときの、総勢五十二人が出席した夜会の内容が「夜会記録」として東京都公文書館に残されている。

招待客は有栖川宮や東伏見宮などの皇族、三条実美や岩倉具視、福沢諭吉、勝海舟、そして諸外国の公使。欧米の習慣に倣って、夫人たちも招いた。

「明治のそうそうたる顔ぶれが招かれるとあっては、裏方もたいへんである。当日は夜半から雪になる冷え込んだ日で、昼過ぎから暖炉に石炭をくべて部屋を暖めるわ、照明用のランプに石油を注いで回るわ、楽隊の用意に冬枯れの庭のあちこちに提灯を張りめぐらして光彩またたく園に変えるなど、もうてんこ舞いである」（福地享子「明治の仏蘭西《フレンチ》料理三角地帯《トライアングル》」「料理王国」二〇〇七年七月号）

料理についてはどうだったのだろう。生ガキに始まり、スープが二種、鯛やフォアグラ、羊肉、牛フィレ肉、アスパラガスなどの料理が出され、途中、口直しとしてメロンのパンチがさわやかさを添えた。

「U・デュボアとE・ベルナールによる名著『キュイジーヌ・クラシック』（一八五八年刊）所収の宴会メニューに似ていて、参考にしている可能性もある。（略）料理内容はある意味、おそろしいほど直截にフランス的。つくり手のフランスでの修業経験の有無は不明だが、本格的フランス料理を、という意志が強烈に感じられる」（辻静雄料理教育研究所所長・山内秀文の論評、同誌）

シャンパンやワインはもちろんのこと、「面前で調合せしめ」る食前の混和酒《カクテル》も供されたという。

なんとも興味深い「内外交際宴会礼式」が定められてから初の夜会。招待客に感想を尋ねたら、どんな言葉が聞き出せただろう。

さて、近年、二〇二〇年の東京オリンピック・パラリンピック（第三十二回オリンピック競技大会）の開催を控えていることに加え、訪日外客数の急増もあって、日本人のおもてなしに注目が集まっている。

先の、明治日本の象徴的存在である延遼館を、二〇二〇年の東京オリンピック・パラリンピックの開催までに復元する計画が舛添要一前東京都知事によって発表されたこともあったほどである（ただし、前知事の辞任によってその計画が不確かになったと聞いている。先行きを注視したいところだ）。

では、おもてなしとは、そもそも何か――。一言で言えば、客人の快適性を確保し、満足度を高めるために、どう努めるかということになるだろうか。その意味では、ホテルや旅館がまさに「おもてなしの最前線」となる。

筆者は以前に『ホテル博物誌』（青弓社、二〇一二年）と『ホテル百物語』（青弓社、二〇一三年）で、さまざまな角度から語られたホテルに関する逸話を集めた。本書ではその延長線上で、「おもてなし」という観点に絞って新聞や雑誌、テレビなどの報道、そして作家や業界人の著作を読み込み、筆者所蔵の図版資料を適宜示しながら、ホテル史・旅館史を改めて見直してみた。そうした歴史を探ることで、おもてなし文化の成り立ちや幅広さを捉えていきたい。

なお、本文については、「週刊ホテルレストラン」（オータパブリケイションズ）二〇一四年七月十一日号から翌年八月二十八日号まで二十六回にわたって連載した「「おもてなしの精神」とは何か――歴史に学ぶ接遇の極意」を大幅に加筆し再構成したものであることをお断りしておく（文中、敬称略）。

第1話　創業以来の社是「至誠」のおもてなし

創業約百四十年の老舗、富士屋ホテルの社是は「至誠」。その言葉をよりどころに客をもてなしてきた。かつての知識人たちも「人が集まるのは景色がいいからではなく、ホテルのサービスがいいからだ。その例が富士屋ホテル」と証言している。

ホテルは国家的事業であり、国民外交である

一八七八年（明治十一年）、箱根・宮ノ下に開業した富士屋ホテル。そのホテルのフロントに「至誠」と記された額が掲げられている。

至誠とは、極めて誠実なこと、真心を意味する言葉であり、富士屋ホテルはこの言葉を創業以来の社是としているという。

至誠に関してさらに説明すると、中国の思想家・孟子が次の言葉を残している。

「至誠而不動者未之有也」（至誠にして動かざる者は未だ之有らざるなり）

真心を尽くせば、動かない人はいないという意味である。

この言葉を富士屋ホテルがいかに大切にしてきたか、それは例えば、かつての経営者・山口正造

図１―１　パンフレットで「富士屋式サービスは、内外の御客様から讃辞と御愛顧を頂いて居ります」とＰＲする山口正造。万国髭倶楽部を設立した人物としても有名だった。

（図1―1）の著作から読み取ることができる。教育熱心だった彼が一九一六年（大正五年）に自ら発行した『簡易ホテル用英和会話』の「序」で、こう記しているのである。

「常に親切、正直、至誠を「モットー」となし、吾々《われわれ》個人の失敗は国民的汚点を残す所以《ゆえん》なるを肝に銘じ、いかなる場合にも不正ある可《べ》からず」（原文のカタカナ表記を平かな表記と現代かな使いに改めた。以下、同）

国民的汚点とは少し大げさに思われるかもしれないが、正造は富士屋ホテルの経営を「国家的ホテル業」「国民外交」と認識し、同書にもそのように記していた。それだけに、至誠の精神がホテル経営の底流になくてはならないと考えていたのではないだろうか。

また、同書の第一章「ホテル従業員が客に対する心得」の冒頭でも、「至誠」を繰り返し強調している。

「客は極めて丁寧に且《かつ》親切に「至誠」と云《い》う心を持って取扱い、客の善悪や貧富を批評すべからず」

繁盛するは、サービスにあり

正造のこのような真摯な姿勢は、当然ながら、利用者にも伝わっていたようである。元越前藩主・松平春嶽の五男として生まれ、のちに尾張徳川家の養子になった徳川義親《よしちか》がこう語っている。

「宮の《（ママ）》下というところは景色はよくありません。（略）その宮の下に観光者がどうして集まるかというと、あそこの富士屋ホテルがサービスがいいから皆《み》んな集まる。（略）ホテルを経営しておられた山口さん〔正造のこと：引用者注〕という方がいい、ヒゲクラブの会長になった、あの山口さんという人が、実に堂々として、西洋人に対しても友達のような親しさで接してすべてを、自分のものとして一生懸命にサービスされておるから、行く人が実に気持がいい」

「外人客の《（ママ）》箱根へ行くのはホテルがいいから行くので、必ずしも景色の方からゆくのではありません。レークサイド・ホテル（湖畔ホテル）の方がずっと景色がいいのですが、富士屋の繁盛するのはサービスにあるので、そうなると景色なんと《（ママ）》いうものは二のつぎということになると思われます」（原文では湖畔ホテルとなっているが、これは姉妹ホテルの箱根ホテルを指して言っているのだろう。）

これは、東京都が一九四八年（昭和二十三年）に開催した観光講座で、徳川義親が「サービス論」と題して話した内容である（東京都総務局観光課編『観光の理論と実際』）。

敗戦から三年、経済復興を図る東京都は、識者を招いて今後の観光事業の重要性を啓蒙しようとしたわけだが、その「サービス論」と題した講座の席上で、徳川は富士屋ホテルを例にとって、サービスの大切さを論じたのである。

それにしても、なぜ徳川がサービス論の講師を務めたのか。「サービスされた方からみるサービス論も亦《また》必要だと思います」ということで、おそらく東京都からの依頼を受けたのだろう。

徳川は富士屋ホテルについて述べる前に「スイスがしきりに景色がいいといわれておりますが、人の集まるのは景色がいいからというばかりで集まるのではない、ホテルだの他の観光設備がいいから集まるのです」と、海外をも視野に入れた理論を展開している。それだけに、徳川の指摘は説得力を持ち、まさに富士屋ホテルの真の姿を浮き彫りにした格好になった。長年にわたって守ってきた至誠の精神が評価されたのだ。

さて、それから約七十年後の今日。富士屋ホテルは相変わらず、客でにぎわっている。その要因は、いまもやはり「至誠」の精神なのかもしれない。

近代日本を「建設」する時代に創業

山口仙之助が富士屋ホテルを開業した一八七八年（明治十一年）は、日本が大きな節目を迎えた年に当たっていた。近代日本を「建設」する時代の始まりだったのだ。

その前年からこの年にかけて、大きな出来事が相次いでいた。「維新の三傑」と呼ばれた木戸孝《たか》允《よし》、西郷隆盛、大久保利通が相次いでこの世を去ったのである。

大政奉還から十年後、一八七七年（明治十年）に勃発した西南戦争が西郷の自刃《じじん》で終結、その翌年、つまり七八年に、当時の政府最高の実力者・大久保は「これまでの十年が「創業」の時代とすれば、これから先の十年は「建設」の時代だ」というような言葉を残したと言われていて、同年、暗殺者の手によって命を落としている。

この暗殺事件は富士屋ホテルが開業する二カ月前のことであり、こうした激動期を経た後に、仙之助は最初の客を迎えることになる。

では、そもそも、仙之助はなぜ箱根でホテルの創業を手がけるようになったのか。

仙之助は「明治四年、二十歳の時志を抱いて米国行を決意し、十一月十二日横浜解纜《かいらん》の船に乗った。同船には我邦最初の欧米派遣特使岩倉具視卿の一行が居られた」（山口堅吉編『富士屋ホテル八十年史』）という。

三年後、種牛七頭とともに帰国し、牧畜業を始めようとした。だが、時期尚早と判断して、慶應義塾に入学した。

すると、慶應義塾の創設者・福沢諭吉からこう言われるのである。

「お前の性質では今後学問を勉強するより、寧《むし》ろ実業界に投じて一旗挙げた方がよい」（同書）

そこで、仙之助は箱根・宮ノ下でホテルを開業するのだ。

では、なぜ、箱根で、しかも旅館でなくホテルだったのか。

箱根という場所は、諭吉が一八七三年（明治六年）とその翌年に塔之沢に逗留、湯本から塔之沢に新道を通せば繁栄するのではないかと提言するなど、諭吉との縁が深かった。また、仙之助が、三年間の滞米生活でホテルというものの存在を知った可能性が考えられるだろう。

外国人が利用できるホテル事業を箱根で興せたら、これから進む近代化・西洋化の波に乗って成功を収めることができるかもしれない――仙之助がこう考えても不思議ではなかっただろう。いまで言うベンチャー・ビジネスに身を投じる感覚だったのではないだろうか。

「時に客引となり、料理人となり、給仕人となり」

では、その頃、箱根はどのような状況だったのだろう。

明治初期から、外国人は病気療養を理由に「外国人湯治免状」を得て、箱根などの温泉地に出向いていた。例えば、一八七六年（明治九年）七月からの一年間で、イギリス公使館を経て発給された四百三十五通の免状のうち約四割にあたる百五十九通が箱根・富士山方面だった。その数は年々増加傾向にあったという（箱根町立郷土資料館編『外国人の見たHakone――避暑地・箱根の発見』）。仙之助がホテルを開業する前から、箱根を訪れる外国人が目立っていたのである（当時、外国人は日本国内を自由に移動することができなかった）。

さて、仙之助は、五百年の歴史を誇るという藤屋旅館を買収する機会に恵まれ、これを洋風に改造して富士屋ホテルと命名し、開業した。一八七八年（明治十一年）七月十五日のことである。

ただし、外国人が訪れ始めたとは言っても、宮ノ下は今日のように道路も整備されておらず、食材を簡単に入手できる環境にはなかった。そのため、パンやそのほかの食料品は横浜から小田原まで馬車便で運んでもらい、小田原からホテルまでは毎朝、人を出して受け取りにいって、朝食までに間に合わせたという。

他方、仙之助夫妻は「時に客引となり、料理人となり、給仕人となり、苦心経営専ら来遊外人に満足を与ふることに努め」（前掲『富士屋ホテル八十年史』）た。ホテルは人気を集め、こうした労苦は実を結んだかに見えた。

ところが、開業五年後に起きた大火でホテルが焼失、大きな借財だけが残る。

仙之助がここで諦めたら、富士屋ホテルの歴史は短期間で終止符を打ったわけだが、仙之助の熱意が養父を動かした。彼は養父から融資を受けて、一八八四年（明治十七年）に再建を果たす。

営業再開後は、当時のガイドによると、「旦那〔仙之助のこと：引用者注〕は白い衣物を著《ママ》〔本来は着と同字：引用者注〕て盛んにパン焼をされた」（同書）という。やはり、パンは焼き立てがいいということで、窯を設けて、自ら焼くようになったのだろう。

客に不愉快な思いをさせない段取り

先にふれた富士屋ホテルの「至誠」の精神や、徳川義親が評価した「サービスがいいから人が集まる」という点に関して、一つ具体例を示してみよう。

前出の正造が一九三〇年（昭和五年）に創設した富士屋ホテル・トレーニングスクール（第14話を参照）の第一期卒業生・川名鍬次郎（のちに都ホテル総支配人）が、当時のことを次のように回想している。

「このホテルの従業員はいとも機能的に配置され、日々の繁閑に応じて集中機動力で運営されていることが解った。つまり大都会と違って忙しい時だからといって臨時に配膳協会の利用も出来ないのであるから、社内で人力を融通し合わなければならない。

例えば、昼と夜の食事時間、戦争のような繁忙時には、客室係、用度係、その他のバック部門の係員も動員されて食堂、及びパントリーの応援に行く。

あるいは来泊客は当時汽車で国府津（のちに小田原）乃至沼津経由なので午後三時から六時頃に主に到着されるので、自然、この時間フロント附近が忙しくなる、と各セクションからフロントへ応援が出て来て少しでも客を待たせたり、不愉快な思いをさせたりしない段取りが出来ていた。しばらくして自分の所属以外の部署の作業も覚えるし、段々とオールラウンドの重宝な従業員になれる制度になっていて、何人《なんびと》も不平を言わないのであった」（川名鍬次郎編著『ホスト・トゥ・ザ・ワールド』）

今日では、このような仕組みをマルチジョブ・システムと呼んでいるが、富士屋ホテルでは戦前からこういった先進的な体制がおもてなしのためにとられていたのだった。

毅然とした態度がホテルの評判と信用を高めた

ところで、このトレーニング・スクールを創設した山口正造については、第2話・第3話・第12話・第14話でもふれることになるが、ここでは彼らしい逸話を先に紹介しておきたい。それは、五・一五事件で暗殺された首相・犬養毅の孫である犬養道子による目撃談である。彼女は『ある歴史の娘』で、こう記している。

「たまに、大声でしどけなく話し、食卓のふるまいも礼に叶わぬ客があると、それが外国公館の人であっても、彼はつと立って近より、富士屋はこのような無礼を許さぬ、出てもらいたいとはっきり言うのであった。どんな高価な衣服でも、彼の眼に「礼に沿わぬ」と映る服装の人には、同じ態度をはっきりとった。私も、ネクタイなしで食堂に入った外人が追い出されるのを数回、見た」

正造は、いわゆるドレス・コードについてはかなり厳しい態度をとったということだろう。
その一方で、礼儀をわきまえていれば利用客を差別することはなかったと犬養は記している。
「その彼は〔正造のこと：引用者注〕、また彼が仕込みに仕込んだ富士屋全職員（メイドの仕込みには六年かかると彼はいつも言っていた）は、総理大臣や大使であろうと、洗いざらしの服に粗末なスーツケースで電車に乗ってやって来るつましい外人宣教師の一家であろうと、全く差別をしなかった。つましい人々のために庭の奥に、古い日本屋をひっぱって来て、驚くべき安い値で提供したりもした。日支和平工作の初期、ひそかに人をかくまいたいの父の言葉を受けて、だまって、別館全部を提供してくれたのも山口さんである」

正造が、単なる一ホテルの経営者の枠を大きく超えた人物だったことがうかがえる逸話である。犬養は「すべての客は、近衛さんも各国大使も皇族も、彼に礼をした」とも記している。身分が高い人々からも尊敬の念を抱かれたホテリエだったのだ。だからこそ、礼儀を逸した客を追い出すこともでき、「そう言う毅然としたものが、富士屋の評判と信用をますます昂めたのである」。

犬養の一文は、おもてなしとはただ頭を下げればいい、というものではないことを教えてくれる。かつて富士屋ホテルで修業した岡田吉三郎が次のように回想している（当時、岡田はホテルニューオータニ常務取締役総支配人）。

「「客は常に正しい」というスタットラーの言葉に対して「常に正しいとは言えない。なぜなら、ホテルはそれぞれの経営者の個性があるのだから。それを受け入れてくれる方が客なのだ」といっていた。できないことはできない、とはっきりしていたから、怒って帰る客もずいぶんいた。経営ポリシーを平然として貫ぬく強さも氏の一面だった」（岡田吉三郎「山口正造氏の思い出」「ホテルレストラン」一九六七年四月号）

なぜ、正造がこのような独自の考え方を持ちえたのだろうか。

彼は若いとき、欧米で一時期、放浪の生活を送った。そのときのことが前掲『富士屋ホテル八十年史』に記されている。

「貴族の従僕又はホテルのボーイや料理人になったりして暮らした。しかし何が幸になるか判らない。貴族の家庭に従僕となって住みこんだために英国貴族社会の生活状態を知ることが出来て、後にホテルを経営する上に、どんなに役に立ったか知れない」

若いときの体験が、正造独特のおもてなしの精神を培ったのである。

第2話　和の意匠でお出迎え

われわれは欧米の模倣をしてはいけない――こう諭す先達がいた。和の意匠を取り入れて独自性を打ち出すべきだ、と。本館が解体されたホテルオークラ東京（以下、ホテルオークラと略記）の誕生の経緯と、富士屋ホテル・花御殿の特色から、その論拠を導き出してみよう。

ホテルオークラ本館改築報道の衝撃

二〇一四年五月下旬、大きなニュースがホテル業界だけでなく、世界を駆け巡った。ホテルオークラ本館の改築についての報道である。

同ホテルの開業は一九六二年（昭和三十七年）。それが二〇一五年八月末に、五十三年余で本館の営業を停止するという報道だった（別館は営業継続）。同館は日本を代表するホテル建築だけに、その改築決定は大きな波紋を呼んだ。

在日記者のレジス・アルノーは「ニューズウィーク」二〇一四年七月一日号掲載のコラム「東京に残る伝統美を「破壊者」から守れ」で、第三者の発言を取り上げている。一人はパリ市長助役文化担当のクリストフ・ジラール。「日本で泊まるのはいつもオークラだ。もしホテルがロビーを少しでもいじったら、もう二度と泊まらない」と述べたことを紹介した。

「間違いなく最高の近代建築であり、それまで日本が持ち得なかったホテル建築の最高傑作。二度と再現できない歴史的な資産」——これは京都工芸繊維大学教授・松隈洋の言葉である。

アルノー自身も「ホテルオークラは東京にとって、間違いなく掛け替えのない重要な資産だ」と評価し、無個性の建物を量産する建築業界による改築が「日本の「退化」を見せ付けてしまわないだろうか」と心配する。

また、ホテルオークラを定宿にしていたボッテガ・ヴェネタのクリエイティブ・ディレクターであるトーマス・マイヤーは、「なぜ日本のモダニズム建築に着目したのでしょうか?」（「カーサ・

ブルータス」二〇一五年九月号）というインタビュー記事のなかで、次のように語っている。

「前々から〝オークラのロビーは歴史的建造物の指定を受けていないのですか？〟と周囲に聞いていたものです。指定を受けていない、つまり保存の対象ではないとわかって以来、日本の新聞や雑誌からインタビューを受けるたび、〝最後に何か一言？〟との質問に〝オークラのロビーを、一刻も早く歴史的建造物指定にしてください！〟と前後の脈絡もおかまいなしに、訴えていたんですよ（笑）」

顧客のこうした熱烈な愛情にホテルも応えた。二〇一九年に完成する新本館で、旧本館のロビーを再現することを公表したのだ。

これほどまでに愛されてきた理由は何か。それは、日本独特の意匠が洗練された形で見事に表現されていたからである。このことは当然ながらホテルも自負しており、例えば、開業して二年後の一九六四年（昭和三十九年）に図録『日本の文様とホテルオークラ』を発刊、開業二十周年には、別館の意匠を加えて改訂版を再発行したほどである。

平家納経の感覚を再現せよ

では、そもそも、なぜ、ホテルに和の意匠を盛り込んだのか。創業者・大倉喜七郎の依頼を受けて初代社長を務めた野田岩次郎が『財閥解体私記』で、その経緯を回想している。

「私は大倉さんとひと晩、腹を打ちあけて話をした。現在、日本にあるホテルは全部欧米の模倣であって日本の特色を出していない。欧米から高い運賃を払って日本に来るのは、日本の風土、習慣、文化、つまりローカルカラーを味わうためにくるのだから、私はホテルを任されたら、日本の文化、美術、伝統を取り入れたものにしたいと言い、大倉さんとも完全に一致した。

また建物については、「日本風と言っても歌舞伎座のような桃山式の派手なものでなく、もっとすっきりしたものにしたい」という意見に大倉さんも「自分もそう思う。絵で言えば、光琳の豪華けんらんさでなく、光悦、宗達の精神をくんだものにしたい」と言われた」

こうした話し合いのもと、建築・内装の方向性が決まったのである。そして、谷口吉郎ら斯界《しかい》の権威五人で構成された設計委員会が三十六回もの会議を重ねて設計案を詰めていき、さらに細部の意匠については意匠委員会を設けて、大倉・野田構想を具現化していった。

なお、前出のトーマス・マイヤーと美術家・杉本博司の対談で、杉本が次のように明かしている。「大倉さんは（略）《平家納経《のうきょう》》模本を設計者の谷口吉郎に見せ、この雅を建築で表すよう依頼したそうです。十二世紀に作られた絵巻物です。（略）華美すぎない装飾、色彩の絶妙なバランス、構成、そして職人技。この感覚をホテルで再現せよと」（「トーマス・マイヤー、杉本博司と日本のモダニズム建築を語る。」、前掲「カーサ・ブルータス」二〇一五年九月号）

実際に、宴会場の壁画や天井照明、客室カーテンの図柄などが平家納経の文様をヒントにデザインされたことが、前出の『日本の文様とホテルオークラ（改訂版）』（野田岩次郎／ホテルオークラ編）で述べられている。

欧米の模倣を避けるべし

前述したように、野田は「日本のホテルは欧米の模倣だ」と断じた。実際には、富士屋ホテルや日光金谷ホテル、富士ビューホテル、蒲郡ホテル、奈良ホテル、琵琶湖ホテルなど、日本美が横溢するホテルも存在してはいたが、東京を中心としたホテル全体の印象としてはそのとおりだったのかもしれない。

確かに、こと外国人の目から見れば、欧米の模倣ホテルでは利用価値も半減、と感じることもあるだろう。外国人旅行者の心理を汲んで、ホテルに和の意匠を施す――これこそ、おもてなしの第一歩と言えるわけだ。

実際、明治初期を代表した築地ホテル館には、ホテルオークラ同様に和風建築独特のなまこ壁が見られたし、創業時の帝国ホテルも外観はドイツ風ネオ・ルネサンス様式でありながら、内部には一部、和風装飾を施していた。和洋折衷様式こそ、この時代のホテルの特色だった。

とりわけ、和の意匠が濃厚な富士屋ホテルに勤めた岡田吉三郎の談話によると、前出の山口正造はこう語っていたという。

「氏はよくこういっていた。「ホテルというのは、外国の模倣ではいかん。できるだけ日本化していく必要がある。だがどうしても日本化できない部分もある。たとえば、ベッド、テーブル、トイレット、バス。これ以外は建築にしろ、飾る絵にしろ、日本のものをとり入れるべきだ」と」(前掲「山口正造氏の思い出」)

富士屋ホテルが現在の本館を新築した明治時代半ば、利用者の多くは外国人だった。したがって、ホテルは西洋人の生活様式を可能にする設備を備えなくてはならない。しかし、それ以外は和風でいいのだ。

正造は前掲『簡易ホテル用英和会話』で、こうも記している。

「外人を顧客とするホテルは出来るだけ日本趣味を取入れる方が歓迎される。遥々《はるばる》日本式を見んがために来遊する彼等外客は貧弱な西洋式を模造した「コンクリート」建《だて》よりは遥かに日本式を歓迎して居るのである」

富士屋ホテルの本館を新築した当時、創業者の仙之助も正造と同じ考え方であったにちがいない。そして、外国人旅行者には、異国情緒を提供することもまた、おもてなしの一つであると考えたのではないだろうか。

花御殿は和風ホテルの頂点をなす作品

富士屋ホテルの建物のなかに、特別なキーホルダーを使用している客室棟がある。一九三六年(昭和十一年)完成の花御殿だ(図2―1)。大きなホルダーに、それぞれ異なる花が美しく描かれている。描いたのは画家の三井萬里。今日でも初めての宿泊客はこれに驚くそうだ。

花御殿の客室は番号ではなく、四十三の客室それぞれに花の名前を付けて識別している。しかも階層によって、一階は低木種の花、二階は樹木に咲く花、三、四階が草花と区別している。このようにした理由は、正造が従業員にも花をよく知ってもらおうと考えたからではないかと言われてい

花御殿各室は、日本固有の杉、楓、檜、桐、栂などの用材を適宜に配し
附柱、長押、格天井・砂壁、京壁など情趣を深め・四十餘室は夫々・花
の名を冠して、その名に相應しき家具、室内裝飾に特殊の趣向を凝らし
和洋調和の妙味を發揮致して居ります。

図２―１　かつてのパンフレットに掲載された花御殿の菊ノ間。「和洋調和の妙味を発揮致して居ります」と説明。和風建築で高い格式を示す格天井でしつらえられている。

る。そのようなことで、完成したときからこの形式のキーホルダーが使用されていて（初代のものは廊下に、二代目のものはフロントに展示されている）、この花御殿がいかに特別な客室棟であるかがわかる。

箱根町教育委員会編・発行の『箱根の近代建築富士屋ホテル』は「花御殿は、富士屋ホテルの建築史でも頂点をなす作品であり、同様な意匠をもつ一連の作品の集大成」と評価する。

この花御殿を設計したのは正造である。『富士屋ホテル花御殿富士ビューホテル新築落成記念』に「設計 山口正造」と記されている。

正造は建築が道楽だった。知人も「自分で設計もなされ、専門家と意見を異にする場合には自分の工夫に確信を持たれ、これを押し切って実現したことも数あったようであります」と証言している（山口堅吉編『山口正造懐想録』）。

ただし、「図面までは引かなかったであろうし、

（略）技術的補佐をした人はいたものと考えられる」（前掲『箱根の近代建築 富士屋ホテル』）ようだ。

日本人にも居心地がいい花御殿

そうは言っても、全館花をテーマにしたアイデアは正造から生まれたものだろうし、相当力を注いだことは確かである。彼自身が誇らしげに、こう記している。

「其《その》室内構造の特異と其輪奐《りんかん》〔宮殿のように建物が美麗なこと：引用者注〕の壮麗とは聊《いささ》か我邦ホテル界に誇るに足るべく（略）」（前掲『富士屋ホテル花御殿富士ビューホテル新築落成記念』）

そして、前述したように、四十三室にすべて異なる名前を付け、美しい花の絵を客室ドアとキーホルダーにあしらった秀逸なアイデア。これも富士屋ホテル流おもてなしの一つなのだ。

この花御殿の魅力を、五十年以上前に、的確に評した人物がいる。歌舞伎役者の中村芝鶴《しかく》である。

「お花御殿の魅力は日本風を取入れた洋間にあると私は思っている。日本座敷をその儘《まま》洋間にしたホテルも中々多いから、特にお花御殿のみ礼讃するのではないけれど、日本の香を取入れた純然たる洋間はお花御殿に越す処は他にない」

そして、一流ホテルにありがちな窮屈さはなく、安らかな気持ちに浸れるのは、「日本の香の親しみ深い設計調度にあるように思われる」と説いている（「ホテル懐かし記——箱根富士屋ホテル」「Hotel Review」一九五六年四月号）。花御殿は日本人にも居心地がよかったのだ。

第3話　送迎と遊覧案内も腕の見せどころ

宿泊客は最寄りの駅や空港とホテルとの往復を滞りなく快適に、楽しく過ごしたいと願っている。遊覧でもそうだ。かつてのホテルは、どのような方策で客の要望を満たしてきたのだろうか。

一九六〇年代はハイヤー部が活躍

香港のペニンシュラ・ホテルがロールスロイスによる送迎サービスを始めたのは一九七〇年のことだった。八台も購入し、ロールスロイス社にとっても、これほどの一括受注は初めてだったという。

ホテル側にしてみれば、大きな投資だったと思われるが、顧客である富裕層にふさわしい最高級車を、ということでおもてなしの精神を発揮した結果だっただろう。また、タワー棟を一九九四年に完成させた後はヘリコプター送迎も開始している。

ヘリコプターはともかく、日本のホテルでも高度経済成長期の一九六〇年代に入ると自動車部やハイヤー部を創設して、宿泊客の送迎や遊覧などに対応した。

一九六〇年（昭和三十五年）に開業した銀座東急ホテルのハイヤー部について、運輸省観光局整備課技官の大井達也が次のように報告し評価している。
「十五台を備え、スタートしたところである。運転手にも英語を勉強させてのサービスは大変だろうが、外客として安心して利用できるので喜ばれるであろう」（「銀座東急ホテルを見て」「Hotel Review」一九六〇年十月号）

同じ年には、帝国ホテルでも十五台の陣容で自動車部を創設した。その動機を、当時の社長・犬丸徹三が『ホテルと共に七十年』で、こう述べている。

「ホテルでは客のために、いつでも、ただちに自動車が提供されなければならない。自動車が玄関に到着するまで客を待たせるのは、決してよいサービスではない」として、「客の要求があれば即座に自動車を整える態度をとることとした」のだ。

そして、ハイヤーの利用者はほとんどが外国人客なので、「運転手は英語を自由に操り得て、しかも正しいエチケットの所有者のみを雇用することとした」。台数も翌年には二十四台に、その翌々年、一九六三年（昭和三十八年）末には二十八台に増えた。「外人客の間に好評を博して、利用者すこぶる多く、成績を挙げて」いたという。

このほか、パレスホテルやホテルオークラ、第一ホテルにも同様の動きが見られた。西日本でも、京都ホテル（現・京都ホテルオークラ）が一九六五年（昭和四十年）に二十台の規模でハイヤー部を発足させている。この時代、一部にはタクシー不足も理由だったようだが、ホテルが自動車をサービスに活用するのは、高度経済成長で外客が増加する傾向に対応した方策だった。

図３－１　1905年（明治38年）創業の大連の遼東ホテルは、駅との距離がわずかでも「列車到着の度、自動車を以て出迎えして居ります」と経営者の山田三平が「平原」第５号（満鉄鉄道部旅客課、1923年）で語る。山田はまた、客のハンカチや靴下などの洗濯は業者に出さずに、女中に手洗いさせるなど、丁寧な仕事を心がけていると話していた。

格式を表した特別仕立ての馬車

では、自動車が登場する以前はどうだったのか。当時、客を送迎する最高の手段は、自前で仕立てた馬車だった。

例えば、一九〇六年（明治三十九年）開業の三笠ホテル。軽井沢駅から離れていたこともあって、特別仕立ての黒塗り馬車が送迎に活躍した。宮原安春の『軽井沢物語』が、この馬車の出迎えを受けた新聞記者の体験記を引用している。

「停車場に着けば、出迎えの馬車あり。陋巷《ろうこう》〔むさ苦しい町：引用者注〕の一書生、特別仕立ての黒塗り馬車にて送迎さるるなぞは少々恐縮の次第にてなんとなく気恥ずかしく感じ候」（「信濃毎日新聞」一九〇六年七月二十六日付）

駅からの距離が短くても、決しておろそ

図3―2　1907年（明治40年）に13室の規模で創業し、14年（大正3年）にこの重厚な建物が竣工した大連ヤマトホテル。馬車3台と自動車1台が待機している形で撮影されている。まだ馬車が多かった頃の光景だろう。

かにせず、ホテルは恭しく《うやうや》馬車を走らせた。その例は一九〇八年（明治四十一年）、台北駅前に開業した台湾鉄道ホテル（のちに台北鉄道ホテル）。貴族が乗るような、金モールの制服を着た御者が操る二頭立て馬車が行き来した。のちに自動車の時代がくると、駅とホテルの距離が短くても自動車を送迎用に走らせるホテルも出現して、おもてなしの精神を発揮した（図3―1）。

ヤマトホテルの名で満鉄ホテルチェーンを展開した南満州鉄道は、馬車部を設けていた。「旅客の不便は勿論、「ホテル」業務に支障少なからず」として、一九一六年（大正五年）度末には、旗艦的存在の大連ヤマトホテル（図3―2）に客用馬車九台（そのほか荷馬車三台などで馬は二十二頭）、奉天（現・瀋陽）に四台・馬六頭、旅順と長春に各三台・馬三頭から五頭を保有していた（南満州鉄道編『南満州鉄道株式会社

図３－３　奉天ヤマトホテルは1910年（明治43年）、奉天停車場内で創業したが、29年（昭和４年）からはこの建物で営業を開始。前掲「平原」誌の「各ヤマトホテル支配人から」で、三原重俊支配人は「ホテル支配人は、私設外交官であると、横山総支配人も、くちぐせのように謂われているが、本当に空言ではないことだと信じて居ります」と語った。

十年史』）。

このように、馬車のしつらえがホテルの格式を表していたことがわかる。それだけ、客の送迎方法には気を配っていたわけである。しかし、馬車が活躍する時代は、やがて終わりを告げる。

満鉄ホテルチェーンの場合、馬車から自動車に順次切り替え、最終的には、一九二二年（大正十一年）に馬車部を自動車部に改めている。しかも、この部門だけでも二〇年度（大正九年度）から六年連続で利益を計上している（南満州鉄道編『南満州鉄道株式会社十年史　第２次』）。

それだけ顧客の利用頻度も多かったのだろう。満州の重要拠点だった奉天の奉天ヤマトホテルは一九二九年（昭和四年）以降の英文パンフレットで次のように、注意深くて技術に長けた運転手がいることをＰＲ

していた（図3—3）。

「Deluxe Hotel limousines with skilled and careful chauffeurs may be arranged not only for going to and from the station but for excursions, sight-seeing, and shopping.」

顧客の不満から生まれた自動車会社

「あなたの顧客のなかで、一番不満をもっている客こそ、あなたにとって一番の学習源なのだ」

マイクロソフトの創業者であるビル・ゲイツがこんな言葉を残しているそうだ。

「無理をいう客こそ、たのもしい明日に続く常客となるお客だ」

こう言ったのは、藤田観光の創業者である小川栄一だったという。当時、横浜高島屋の専務取締役を務めていた川勝堅一は、懇意にしていた小川から聞いた話として著書『サービス』にこの言葉を記している。叱られたら、ありがたいと考え、その後に工夫せよというわけだ。川勝も「ますます高等なサービス技術を身につける大勉強のチャンスを与えてもらったことになる」と賛意を示していた。

富士屋ホテルの山口正造が一九一四年（大正三年）に設立した富士屋自動車（当時は自働車と記した）は、まさに客の不満から生まれた新しいサービスであり、その後重要な事業になった（図3—4）。

その前年の夏のこと。ホテルに三カ月滞在していたマニラ駐在武官のアメリカ軍陸軍少佐ホイットニーは、帰任することになり、前夜、小田原電気鉄道に貸自動車を依頼した。

ところが、翌朝、出発時刻を過ぎても自動車は到着しない。予定していた国府津発の東海道線の列車に間に合わないと大変なことになる――こう思った少佐は、人力車を駆って下山すると、途中で自動車と出合い、乗り換えて駅へ向かった。少佐はかろうじて間に合い、帰路に就くことができたという。

さて、話がこのままで終わっていたら、富士屋自動車は誕生しなかったかもしれない。少佐が帰路の船中で山口正造に次の手紙をしたためたことから、事態が動いていくのである。

図3－4　富士屋自動車のパンフレットから。同社には個人客を受け付ける自動車部門とバス（乗合自動車）部門があり、バス部門では小田原や御殿場、三島などと箱根各地を結ぶまでに発展した。この写真では富士屋ホテルの前に並ぶバスが写し出されている。

「自分が富士屋ホテル滞在中、非常なる心尽しの愉快は、出発の瞬間に全部打消された。自動車の行違いが斯様な結果を来さしめたことは誠に遺憾である。自分は一流のホテルとしては、ホテル専属の自動車を所有すべきだと思う」(山口堅吉編『回顧六十年』)

自動車の到着が遅れたことは、ホテルには直接の責任はないが、サービスを重んじる正造は、この手紙を読んで「なるほど」と思ったにちがいない。しかも、これから自動車の時代がやってきそうだという読みもあったかもしれない。そこで、自前で富士屋自動車を設立し、顧客の輸送や観光に役立てることにしたのである。

また正造は、運転手に礼儀作法や英会話を教え込んだほか、青襟・青袖でアクセントを付けたカーキ色の制服を着用させた。この制服は一時期、全国に広まったということだが、これほどしっかりした態勢を整えようとした裏には、たとえ運転手であってもホテルの従業員であるという正造の考え方があったのだろう。

ヘンリー・フォードの便宜を受けて

一九〇六年(明治三十九年)にイギリスのコンノート殿下を接遇するなど、以前から名声を博していた日光金谷ホテルの金谷眞一は、一四年(大正三年)八月、横浜に出向いたときに中古のフォード車一台を購入した。

「運転には大した経験はないが、機械をいじることは好きであったので」と、眞一は『ホテルと共に七拾五年』で振り返っている。正造の実兄である眞一は、期せずして、富士屋ホテルが自動車会社を設立した同年に、フォード車を購入したことになる。

当時、自動車は最先端の乗り物だった。ちなみに警視庁調べで、一九一二年（大正元年）の東京市内の自動車数は二百九十八台にすぎず、庶民にとっては高嶺の花だった。そういう時代だったからだろう、眞一はその車をおもてなしに活用した。

「月給十五円で運転手を雇って、客の送迎やら、日光附近の見物用に充て、よい結果をあげた。当時日光の観光客は、人力車に乗るか、電車を利用するかの時代であったので、この自動車は、丁度時代の要求に合致した訳である」

そう前掲書で書き残している。時代の最先端をいく乗り物、つまり自動車が評判になったのだ。そのため、間もなくさらに二台を借り入れ、一九一六年（大正五年）に渡米した際にはヘンリー・フォードと面会して、自動車営業の将来性を語り合った。ただし、資金面で不安があると打ち明けると、フォードは日本で営業中の代理店を紹介し、眞一に便宜を図ったという。こうして眞一は、のちに地元と共同で設立する日光自動車の基礎を築いたのだった。

欧米にも見られないガイド嬢の活躍

大正期の後半から、日本にはモータリゼーションの波が広がった。

帝国ホテルは、ライト館時代（一九二三年落成）の案内に「御送迎用大形乗合自動車」の文字が見られた。「朝夕の急行列車発着並に船舶出入にはホテル東京駅間横浜埠頭間をホテル専属バス（無賃）を以て御送迎いたします」となっていた。

京都・都ホテル（現・ウェスティン都ホテル京都）の案内には「タキシイのフリーサーヴィス」の文字が見られた。到着日時の連絡があれば、「京都駅からホテル迄無料にて御迎に参ります」となっていて、大正末期頃から増え始めたタクシーを活用した。

滞米生活の経験がある油屋熊八は、別府に亀の井ホテルを開業した一九二四年（大正十三年）に、自動車部を設けて送迎や遊覧に役立てた。やはりアメリカ製の高級車を使用したという。

ところで、油屋は、一九二八年（昭和三年）には観光客向けに亀の井自動車を興している。当時、

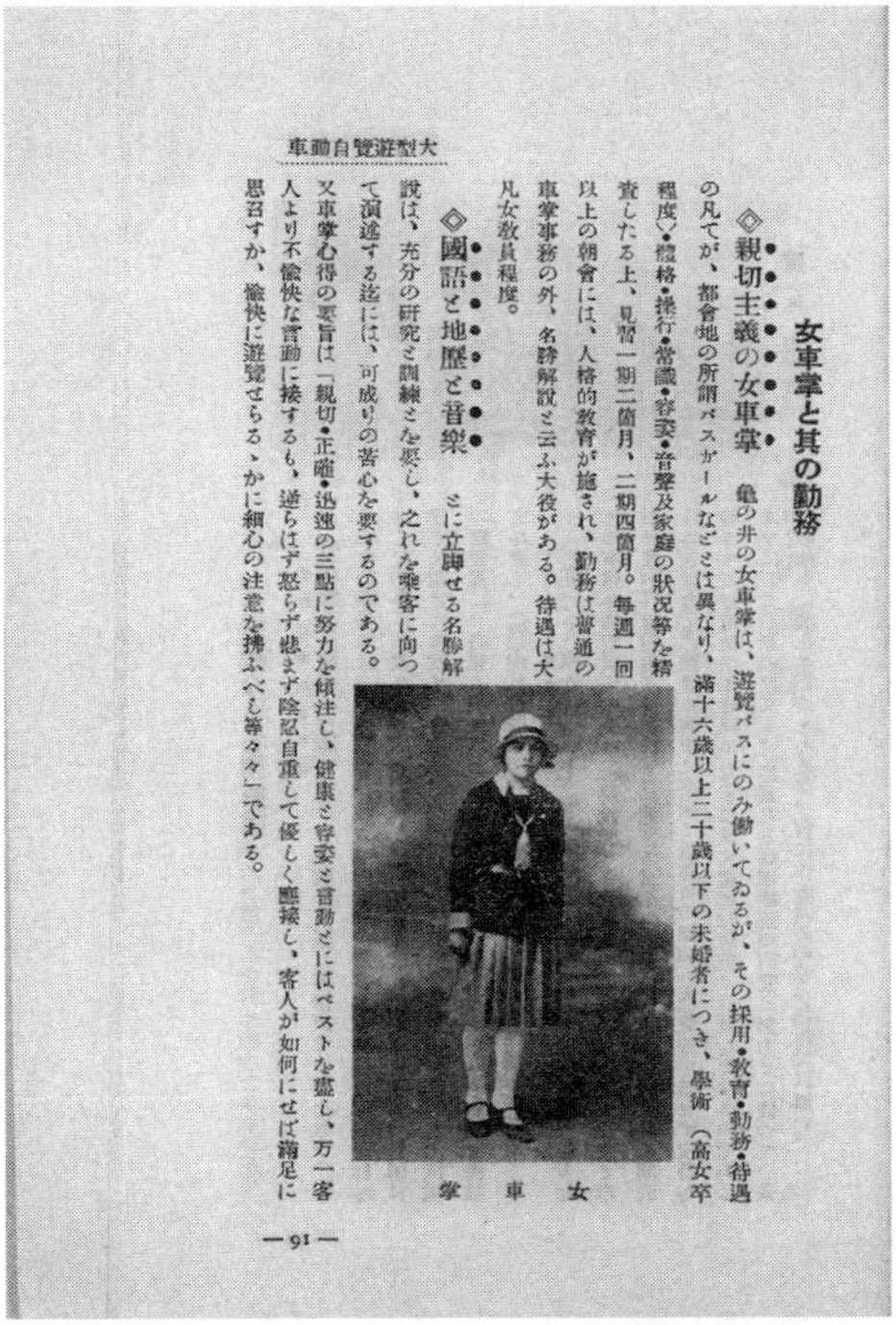

大型遊覽自動車

女車掌と其の勤務

◇親切主義の女車掌　亀の井の女車掌は、遊覽バスにのみ働いてゐるが、その採用・教育・勤務・待遇の凡てが、都會地の所謂バスガールなどとは異なり、滿十六歳以上二十歳以下の未婚者につき、學術（高女卒程度）・體格・操行・常識・容姿・音聲及家庭の狀況等を精査したる上、見習一期二箇月、二期四箇月。毎週一回以上の朝會には、人格的教育が施され、勤務は普通の車掌事務の外、名勝解説と云ふ大役がある。待遇は大凡女教員程度。

◇國語と地歷と音樂　とに立脚せる名勝解説は、充分の研究と訓練とを要し、之れを乘客に向つて演述する迄には、可成りの苦心を要するのである。

又車掌心得の要旨は「親切・正確・迅速の三點に努力を傾注し、健康と容姿と言動とにはベストを盡し、万一客人より不愉快な言動に接するも、逆らはず怒らず悲まず隱忍自重して優しく應接し、客人が如何にせば滿足に思召すか、愉快に遊覽せらるゝかに細心の注意を拂ふべし等々」である。

女車掌

— 16 —

図3—5　薬師寺知曨／不老町人編『名勝解説 地獄めぐり』（亀の井自動車従業員共済会、1928年）に掲載された亀の井自動車の女車掌（バスガイド）。女車掌は「人格的教育が施され」、「親切・正確・迅速の三点に努力を傾注し……」と記されていた。

日本最大だったという二十五人乗りの大型バス四台を購入して、遊覧バスとして走らせた。

ただし、ここまでだったら、目端が利く事業家であれば考えたことだろう。だが、別府温泉の宣伝や地域発展を重視し、おもてなし上手だった油屋は、妙手を編み出した。女性のバスガイドを起用し、しっかりと教育を施したのだ。しかも、彼女たちに美文調の案内を語らせた。例えば、こんな具合だ（図3―5）。

「ここは名高い流川／情けの熱い湯の町を／西に貫く大通り／旅館商店軒並び／夜はさながら不夜城でございます」

これが絶大の人気を博した。全国からのバス会社の視察も相次ぎ、彼らもまたガイド嬢の美声に聞き惚れたという。大阪商船の村田省蔵副社長は、次の一文を寄せている。

「極楽でも巡るような感じあらしめつつ、優にやさしい美文を以って説く処、未だ欧米のサイトシーイングカーにも其の比を見ない」（薬師寺知曨／不老町人編『名勝解説 地獄めぐり』）

第4話　旅館のくつろぎをホテルに盛り込む

かつて、洋室と和室を合体させた客室を持つホテルが誕生した。創案したのは、優れたホテリエ・林愛作だった。彼はなぜ、そのような客室を編み出したのだろうか。

わずか九室の和ホテルが開業、その特色とは

二〇一四年八月一日、東京・御茶ノ水に一軒の小さなホテルが開業した。客室数がわずか九室のホテル龍名館お茶の水本店である。

この場所には従来、十二室の旅館龍名館本店が営業（創業は一八九九年〔明治三十二年〕）していたが、二〇〇九年に開業したホテル龍名館東京（一九〇九年に旅館呉服橋龍名館として創業、その後、ホテル八重洲龍名館）が評判を得たこともあって、ホテル形式に改装して営業再開となったものだ。

図４―１　かつて泉岳寺にあったホテル東京の和洋室。「清楚な和室とベッドルーム　木の香かおる檜の浴そう　都内一等地で味わうこのぜい沢さ　まことに“乙な味”といえましょう」とパンフレットで宣伝していた。

このホテルの特色は〝和ホテル〟と銘打ったように、和の要素を巧みに取り入れたところにある。入り口で靴を脱いで部屋に入ると、ソファセットの向こうにベッドが見えるが、その周囲は畳敷きになっていて、浴室には円形の陶器製浴槽が設置されている。ホテルと旅館の客室が溶け合った雰囲気だ。

客室の広さは最も狭くても約五十三平方メートル。富裕層の外国人客も視野に入れての開発となったようである。

さて、この客室を見て思い出したホテルがある。

図4―2　「西の帝国ホテル」とも言われた甲子園ホテルの主力になった和洋室の絵はがき。パンフレットでも「特に間取意匠総て御家庭を基とした設計であります」と強調していた。

かつて高輪（泉岳寺）にあったホテル東京だ（図4―1）。このホテルは、歌舞伎役者の邸宅跡を利用したこともあってか、和風建築の装いをまとって一九六八年（昭和四十三年）に開業したが、客室もまた、和と洋を組み合わせた点に特色があった。

どんな客室だったかと言えば、中心となるデラックスツインに、畳の座敷が付随していたのである。二台のベッドが置かれた空間内に、狭いもので四畳半、広いものだと六畳から八畳の座敷が備わっていた。しかも、浴室には檜の浴槽。こうした客室が十八室を数えていた。総数が三十八室だから、かなりの割合だった。

顧客のなかには、一人でこもって仕事をする作家や弁護士らがいたという。彼らは仕事に疲れたら、ベッドではなく、畳の上でゴロンと横になったのではないだろうか。

そして、このホテルに加えて、もう一つ思い出したホテルがある。林愛作が阪神電鉄の依頼で開発した甲子園ホテル（現・武庫川女子大学甲子園会館）だ。林は、一九三〇年（昭和五年）に開業したこのホテルで、和室と洋室を組み合わせた客室を編み出し、これの変形したものが旅館にも広まったという歴史がある（図４―２）。

　では、林はなぜそのような客室を創造したのだろうか。

外国へ見学に行くのは間違いだ

　一八七三年（明治六年）、群馬県に生まれた林は、アメリカに留学した後、古美術商・山中商会（本店は大阪）のニューヨーク支店に主任として勤務中、帝国ホテルに請われて帰国し、常務取締役支配人に就任した。一九〇九年（明治四十二年）のことだ。

　林は、欧米の上流階級の暮らしやホテル事情を知悉《ちしつ》していた。筆者は以前に林の子息に話を聞いたことがあるが、日本の外交官が林の人脈を利用する動きもあったという。それほどの人物であったため、帝国ホテルの経営陣は、三顧の礼を尽くして林を迎えた。林の経験や知識を外国人客のおもてなしに生かしてもらおうと、運営のすべてを一任した。

　そこで林は、自身の考え方に従って帝国ホテルを一大社交場にすべく、さまざまな改革を精力的に進め、また一方で、サービスの充実を図った。

　例えば、日本で初めてホテル内に郵便局を開設し、初代局長を務めたほか、洗濯部を稼働させている。また、前話のテーマに関して言えば、自動車部も設けて、自動車を送迎に利用している。

　そんな林が、不運にも本館全焼の火災の責任をとって支配人を退いた五年後、甲子園ホテル開業三年前の一九二七年（昭和二年）に「理想的なホテル」と題した一文を「サンデー毎日」七月三十一日号に寄せた。

その内容は「日本でホテルを経営しようと思う人が、外国へ見学に行くのは大きな間違いである」と述べているように、独自の持論にあふれていた。

なぜ、このような主張を持つようになったのだろうか。

林は、西洋のホテルが設備の面から見ると、日本のホテルに比べてはるかに優れている点は認めている。しかし、この時代、西洋のホテルは大型になって、経営者と宿泊客との間には「個人的《パーソナル》接触《タッチ》」はなくなり、投宿者は「賓客《ゲスト》に非ずして訪問者《ビジター》」になってしまったことを指摘しているのである(支配人就任時、林は、印刷物にビジターの言葉が使われていたのを、直ちにゲストに改めさせたという)。

だから、日本のホテル経営者は京都・木屋町あたりの一流旅館を見学すべきだと主張するのである。施設や設備を充実させるには資本があればできるが、「客の気持を呑み込んで、痒《かゆ》い所へ手が届くように親切にする、あの心と心との接触は、金で出来ることではない」ので、一般的にホテルよりも小規模な旅館に学べというわけである。

林のこうした考え方の裏には、実は、当時の日本特有の事情があったようだ。西洋人を対象にしたホテルは、大都市以外では採算がとれず、「どうしても日本人を主にするようにしなくては、経営難に陥ってしまう」からである。

そして、その意味からも、旅館を使い慣れた日本人を顧客とするならば、「個人的接触《パーソナルタッチ》」のおもてなしを提供できるホテルでなければならないというのである。

旅客にも経営者にも便利な和洋室

さて、こうした日本的な事情に照らし合わせて林が編み出したのが、西洋間と日本間を合体させた客室、すなわち和洋室だったのである。

「西洋間には家具の一部としてカウチ（昼は長椅子で夜はベッドになるもの）を置く。こうすると、お客の側からいえば、長々と畳の上に寝ることも出来るし、ベッドがよければベッドもある。西洋人が来てもこの部屋で十分だ」

このような客室に家族客が宿泊することになれば、両親は西洋間に、子どもたちは日本間で寝ればいいという。西洋間だけの客室だと、一室当たりの収容人数も限られるが、和洋室であれば、柔軟に対応でき、それも利点となる。

「百の部屋に二百人も三百人も泊れる、しかも靴のままで入れる西洋間と青畳の愉快さを味わい得る日本間があるということは旅客にも経営者にも便利である」

ホテルにあまりなじみがない日本人客にくつろぎを提供するには、こんな客室こそ理想だ、と言いたげだ。

そしてこの記事で、林は図を描いて構造をわかりやすく解説している。西洋間八畳、日本間八畳、浴室四畳を一つの単位とし、浴室では西洋風の風呂と便所を組み合わせ、「浴槽を檜とするもよし」と補足。水屋には電熱器や茶具を備え、客には自由に茶を入れさせるようにすること、日本間は西洋間よりも少し床を高くするから、日本間の下の空間を長引き出しに利用すること、など、説明も具体的だ。

また、料金設定も「一人を泊めるとして室代十円、二人として十五円、二人以上〔三人以上ということだろう：引用者注〕は一人につき二円五十銭位にすれば、十分の採算ができることと思う」とまで考えている。

林は、このような考え方で甲子園ホテルに和洋室を投入したのだが、遠藤陶《とう》の『帝国ホテルライト館の幻影』を読むと、この話には続きがあることがわかる。

一九三一年（昭和六年）暮れのこと。信州戸倉温泉の笹屋ホテルが甲子園ホテルの評判を聞き、実際の設計者である遠藤新《あらた》に設計の仕事を発注した。遠藤新は、フランク・ロイド・ライトに帝国ホテル（ライト館）の設計を依頼した林と出会い、その後にライトの愛弟子になった建築家である。遠藤陶はこう記している。

「この客室には「板の間付きの座敷」を採用した。これは林愛作が甲子園ホテルを建築する際に提唱した理想の客室パターンをかなり簡素にしたタイプではあったが、これが評判となった」

遠藤は「これより、観光ホテルにおける客室のモデルとなって現在に至っている」とも記している。

この記述に従うと、林が描いた理想の客室が姿を変えて旅館（著者の遠藤は観光ホテルとも表現している）の間に広まっていったことになるのだが、これは旅館が「洋」の部分を取り入れたことで記憶される出来事でもあるだろう。

第５話　サービス料制度が生まれたもう一つの理由

かつて、チップのあり方について真摯に考えていた先達がいた。従事者が多額のチップを得るようになり、本来のおもてなしに影響を与えるようになったからである。しかし一方で、ホテルや旅館の利用者はチップや茶代の出し方に悩まされていた。そのことは、ホテルや旅館側も気づいていたのだろう、ある方法で解決を図り、利用客の抵抗感を解きほぐそうとした。

チップを出す人が減っている

二〇一四年八月初旬、テレビのニュースがフランスでのチップ事情を報じていた。最近、フランス人の間ではチップを差し出さない人が急増し、その割合は一六パーセントに及んでいるという。「同じ給与所得者に、なぜチップを支払う必要があるのか」と疑問に思う人を紹介しながら、一方で、収入の三割がチップで占められる従事者がいるという実情も報告していた。

そんな傾向のなかで、外国人は一様にチップに寛容なので、これからの観光シーズンに期待したいというフランスの従事者の声も伝えていた。

チップとは、サービスを受けた側が提供者へのお礼の意味で差し出す金銭と言えるもの。日本では心付けとも呼ばれているが、このフランスでの変化は、時代の流れか、あるいは景気後退の影響があってか、チップの役割や存在理由が薄れてきていることを教えてくれる。

そもそも、チップはどのように誕生したのだろうか。過去の文献を探ってみると、大連ヤマトホテルの支配人で、満鉄鉄道部旅館総支配人でもある横山正男が『洋食の食べ方と洋服の着方』で、当時のドイツの『マイヤー百科事典』の記述を引用しながらその起源をこう記していた。

「心付の元祖は独逸《ドイツ》であって、中古の末葉頃には既に独逸に流行し、一定の仕事の終った時、主人又は客人より其の労務者に慰労の意味で「之れで酒でも飲んで呉れ」と特別の金銭を与えたのが始めであった様である。それで独逸語で心付の事を「トゥリンクゲルト」(Trinkgeld) と云う。直訳すれば「酒銭」である」(句読点は引用者)

そして、これがフランスにも伝わり、プールボワール (Pourboire) になったと横山は解説する。これもまた酒代と訳されるフランス語だ。

実は日本にも酒手《さかて》という言葉があった。これも人夫や車夫に渡す小銭である。目的はドイツの例と同じで、どうやら、このあたりにチップの起源がありそうなのだが、チップという語源の本家本元、イギリスでは事情が少し異なっていた。その発端は、一部で知られているように、受ける側が迅速なサービスを求めるために金銭をあらかじめ差し出したものだった。

十八世紀のロンドンの小さな居酒屋でのことである。飲み物を早く持ってきてもらおうと、利用者がボウルに小銭を投げ込み始めた。これがチップの始まりだと言われている。

"To Insure Promptness"——サービスの迅速性を確保するために、ということで、いつの間にか頭文字を取って、TIPと呼ばれるようになった。これが一つの定説になっていて、ファッションデザイナーの水野正夫も『チップの本』でこの説を取り上げている。

チップの有無や多寡で接遇を変えてはならない

純粋に「おもてなしの精神」を発揮する側から見れば、商品やサービスの対価以外の金銭の授受、つまりチップは無用の存在になるはずだろう。チップは、あくまで利用客の好意や謝意から発生するものと考えれば、その有無や金額の多寡で一喜一憂するべきものではないはずだ。

実際、チップの有無にかかわらず、同じおもてなしを提供したいと考えるホテリエがいた。アメリカ人のエルスワース・スタットラーである。横山が先の著書で、スタットラーの言葉をアメリカの新聞記事から次のように引用している。

「私は心付を出す人にも出さぬ人にも一様に差別のない待遇をする事だけは出来ると信ずる」

そして、横山もこの考え方に賛同して、彼が管轄するヤマトホテルと満鉄（南満州鉄道）の食堂車内ではチップの有無や多寡で接遇に差をつけてはならないと教育していると述べている。

さらに横山は、雑誌「ツーリスト」に掲載された東京鉄道管理局長の木下淑夫のチップに対する考え方を引用する（木下はのちにジャパン・ツーリスト・ビューロー〔戦後の日本交通公社の前身〕設立に尽力するが、詳しくは第8話に譲る）。

「列車給仕等に対する心付は旅行を終りたる後、乗客より其の勤務振の殊勝なるを認めて謝意を表せんが為めに与えらるるものなるが故に、其の志を無にするは却って不敬に当らずやと考え、之れを受くる事を黙認せる次第であって、一部の乗客が他の乗客より区別して特別取扱を受けんが為め、予約的に与えるもの、即ち旅行の始め若《も》しくは途中で与えるべきものではない」

チップは、あくまでも受けたおもてなしに対する客の評価なのだという考え方である。横山も、列車だけでなく、ホテルその他の施設でも、チップのあり方はこうあるべきだとし、実にもっともな意見であると賛意を示していた。

サービス料制度導入の経緯とは

だが、ここで一つ、チップの問題をこじれさせる要素が存在する。冒頭のフランスの一件で述べたように、チップが従事者の生活費の一部を占めていること、またそうであったという歴史である。『帝国ホテル労働組合50年のあゆみ』に、こんな記述がある。

「帝国ホテルの出先レストランだった東京会館のボーイの賃金は、一九四〇年当時「給料十円、チップ二倍で計三十円」だった」

また、チップ収入が給料の三倍に及んでいた例も記載されている。

チップの問題は、その金額が給料を大きく上回る場合があることのほかに、部署による不均衡・不平等が挙げられる。戦後、帝国ホテルがサービス料制度を導入することになるが、その狙いはこのチップ問題を解決するためだったのだ。

帝国ホテル労働組合の初代委員長になり、のちに副社長を務めた河西《かさい》静夫が『激動の昭和観光史』(オータパブリケイションズ、一九九〇年)で、こう回想している。

「お客さまからのチップを直接従業員がいただくことをやめて売上げの一〇%を奉仕料としてお客さまよりいただき、これを全従業員に均等配分しようという案をつくった」

こうして一九四六年(昭和二十一年)七月、帝国ホテルでは給与制度を改定して「ノー・チップ制」を本格的に導入、月給制度を一本化した。そして、この制度は「順次全国のホテルに行きわたっていった」と、河西は記している。

戦前にも実施されていたサービス料制度

ところが、である。戦前に発行された主要ホテルのパンフレットを見ると、すでに、従来のチップ制度をとりやめて料金の一割を上乗せしたりして、サービス料制度を実施していたことが見て取れるのだ。

例えば、一九二四年(大正十三年)開業の丸ノ内ホテルでは「煩わしい茶代チップの代りに御部屋代の内よりサーヴィス料として一日御一名様金五拾銭を頂戴致します。従って此《こ》れ以外の御心付け等は一切頂戴致さぬ様《よう》従業員一同に堅く申付て御座いますが、若《も》し御受けした様な者が御座いましたら、支配人迄御知らせ願います」と記している。

実は、丸ノ内ホテルが開業した前年、熱海ホテルが「アメリカ流のチップ一割制度を日本最初の試みとして実行した」と、創業者の岸衛《まもる》が『観光立国』で述べている。それまでのチップ制だと、従業員がチップをあてにしすぎてサービスにばらつきが出たため、最初は一カ月限定で一割制度を試行してみたというのだ(なお、文中の「チップ一割制度」とは、サービス料一割制度のことだろう。

「チップ一割制度」とは別にサービス料を設けたという記述はなく、また、全国のホテルがサービス料を導入すること（後述）に関して「その後われわれの真似をして日本全国に急に一割チップ制度が拡がった」と記しているからである）。

その結果、チップが料金の一割と決まると、「富貴高官であろうと平民であろうと少しの差別もつけなかったので、客の気受けは非常によくなり、皆満足して帰られたので、（略）本制度を存続することに決定した」という。

ロンドンにあったノー・チップ制のホテル

熱海ホテルの岸衛は「アメリカ流のチップ一割制度」と書いたが、具体的に、どこでいつ頃から始まったかは残念ながら不明だ。

ただし、これとは別に、ロンドンのストランド・パレスホテルがチップ廃止を実施していた事例を、清水正己の『商業から見た欧米都会見物』で見つけた。著者は次のように記している。

「テーブルの上には「心付廃止《ノーチップス》」と書いた注意書があって、給仕人には相当の給料が払ってあるから、お客様は決してチップをやらないようにと云う事が書かれてあった。食堂ばかりでなく、部屋にも書いてあって、部屋の係りの女中などにもやって呉れるなとあった。こう云う事はホテルではアメリカにもなかった」

ただし、この著者の場合は家族連れの旅行だったので、部屋やテーブルを汚してホテルに迷惑をかけたことを気にかけ、出発時に「ホンの少しだが特別のお世話をかけたから」と言って、チップを差し出した。そうしたら、ホテル側は喜んで受け取ったという。著者は「コレでは「心付廃止」の掲示も怪しくなる」と厳しく書いているが、自ら「心付廃止」を謳っていたのだから、チップを差し出さなくても、ホテル側は気持ちよく彼らを送り出したのではないだろうか。

英文でサービス料を説明する日本のホテル

日本に話を戻して、ほかのホテルの戦前のパンフレットを見てみよう。図5―1で示した東京の

図5―1　和洋30余室の規模で営業していた上野デンキホテル。このパンフレットには「復興の大上野駅は面目を一新」という文言が見られ、関東大震災後の帝都復興祭が開催された1930年（昭和5年）頃の発行と思われる。

上野デンキホテルは、パンフレットの表紙で「御茶代……御祝儀／絶対……廃止」と謳い、利用者に安心感を与えた。一九三二年（昭和七年）に開業し、戦災で焼失することになる高松市のタマモホテルでも「御心付　御勘定（御立替金を除く）の一割を頂戴し、それ以外は絶対に御辞退申上ます」と記している。

一九三四年（昭和九年）に開業した蒲郡ホテル（現・蒲郡クラシックホテル）は英文で、こう表現している。

「Guests are requested to note that 10% of the account (except advanced cash) will be added to their bill as service charge.」

一九三五年（昭和十年）開業の新大阪ホテルは「栞《しおり》」に、こう記載した。

「チップは部屋代、飲、食事料金の一割を計算書に加算して頂戴致しますので、個々には絶対におやりにならぬ様にお願い致します。但《ただし》ポーター、ドアマン、ページボーイ等は御任意であります。一例を申上げれば、ポーターの如《ごと》き者はお客様の荷物の多少、とか其《その》他仕事の性質が仲々一様ではないので、結局お客様の御任意に従うことにしてあります」

民主主義の世の中だからチップを廃止に

このほかにも多くのホテルが「御心付は御勘定の一割厳守」などと、パンフレットで断っている。また、この流れは外地での日本人経営のホテルにも及んだ。例えば、一九三八年（昭和十三年）に開業した朝鮮・京城（現・ソウル）の半島ホテル。洋室五十室、和室五十室のこのホテルでは

「御心附は勝手ながら御勘定の一割を既定のサービス料として頂戴致します」とパンフレットで明記している。

台湾・台北の台北鉄道ホテル、台南の台南鉄道ホテルもそうだ。「台北、台南両館共御勘定の一割を頂く外には御配慮は下さらぬ様願って居ります」と明記する。それでも、任意のチップ制度は、帝国ホテルの例で見たように、根強く存在していたのかもしれない。その様子は、戦後にもうかがうことができる。東京都が一九四八年（昭和二十三年）に開催した観光講座で、日本ホテル協会の理事長・高久甚之助が次のように述べているのである。

「私は理想としてチップは廃《や》めなければならないと考えております。実際経営の任に当っておられる方には、そんな事は出来るものじゃないといわれるかも知れませんが私は是非そうしたいと思っています」（高久甚之助「接客の実際」、前掲『観光の理論と実際』所収）

高久はなぜ、チップ制度を廃止すべきだと考えていたのか。その理由は「人の情に頼るということは独立の人格を持つ者に取って大に考えなければならないことであり」、「自分の生活が人の気持ちで決るという事は私は根本的にいけないと思う」からである。「殊に今の様なデモクラティックな生活になって各自の人格と自由独立が叫ばれる際、尚更そうでなければならない」というのだ。

民主主義の思想が広まっているアメリカでは「チップをやる人と貰う人の間にすでに上下の差別がある、こういう事はいけないと云って居る」として、チップ制度廃止を訴えている。時節が感じられる主張だ。

高久は、民主主義思想が入ってきたいまこそ、絶好の機会だと感じたのだろう。給料を改善させ、

図5―2　開業早々から茶代を廃止した水明館。『下呂温泉とともに』によると、当時のホテルのサービス料1割を参考にし、あらかじめ奉仕料1割を明示したら、「茶代をとらない気楽な宿がある」との噂が広まって、評判になったという。

「日本へ行ったら、何処へ行ってもチップが要らんという事になれば、国際観光国として、非常に大きな魅力になると思います」と将来を予見していた。

煩わしい存在だった茶代

だが、それにしてもなぜ、各ホテルはわざわざ「心付けは料金の一割」を謳っていたのか。これは筆者の推測だが、当時、一部のホテルも含めて、旅館業界の悪弊となっていた茶代の存在に影響を受けたからではないだろうか。日光金谷ホテルでさえ、一九三三年（昭和八年）発行の案内で「御茶代は頂戴致しません」と告知している。

一九三二年（昭和七年）、下呂温泉で開業した水明館（図5―2）は「開業早々から「茶代はいただきません。その代り奉仕料として一割をいただきます」という新しい行き方を打ち出し」、「このやり方は好評だった」（荒川晃『下呂温泉とともに』）という。

水明館創業者の滝多賀男は、かつて日本各地や朝鮮へ出張して旅館に滞在した際、茶代に悩まされた。そういう経験があったため、奉仕料一割を打ち出したのだった。だが、中部地方の同業者は

「茶代のおかげで利潤をあげている」として、同調する者はいなかった。

そもそも茶代とは、旅館の仲居に手渡す心付けとは別に、帳場（経営者側）に残していく金銭であった。

明治時代、日本に暮らしたバジル・ホール・チェンバレン（第7話を参照）の案内書は茶代について、外国人旅行者に向かってこう説明している。

「宿に着いて部屋に案内されてまもなく、あるいは宿を出る前に勘定をすませるとき、茶代というものを贈るのがふつうである。宿を出る前をおすすめする。日本人旅行者の場合は身分の上下、サービスや宿の部屋の良し悪しで茶代が異なる。外国人旅行者の場合は少々異なり、身分の上下は問題とならない」（B・H・チェンバレン／W・B・メーソン『チェンバレンの明治旅行案内』）

金額についても具体的に、一晩につき二十銭から五十銭、二人の場合は五割増し、三人の場合は二倍増し、と懇切丁寧に教えている。

茶代を失念しそうになった経験を持つ帝国ホテルの犬丸徹三は前掲『ホテルと共に七十年』で、「客は宿泊に際して、旅館の格、室の規模、造作、設備及び番頭女中の接遇振りなどを、ひそかに研究した結果、茶代の額を決定する必要があった。（略）旅館における茶代制度は、甚だ非合理的な存在といわざるを得なかった」と記している。

かつての旅館には明確な宿泊料制度がなかった

では、この迷惑千万な茶代がなぜ生まれたのか。

旅館新聞社の社長を務めた高橋保雅は東京都主催の観光講座で、江戸時代に見られた参勤交代の道中を引き合いに出して、こう語っている。

「〔脇本陣や民家に宿泊した一行の人々は：引用者注〕何がしかのお手許金を置いたり、或は道中に何がしかのお土産を置いていったりしました。それで現金らしいものもみられなかったようですが、だんだん進化して、ここに茶代というものが現われて来ました」（高橋保雅「サービスについて」、東京都建設局公園観光課編『観光叢書』第五集所収）

実は、江戸時代には一般旅行者の間でも、宿で食事をとらなければ宿泊費を払う必要がなかった。明治初年頃でも「御飯を食べなかったら、お序《ついで》にいただきますといって取らなかった」という。だから「宿料の制度がないときに起った問題として道中茶代という制度が流布」したというのが高橋の説である。

この説に従うと、旅館業がまだ明確に成立していなかった時代に、宿泊者が宿料がわりに自発的に置いていった金銭や物品が茶代として広まり、習慣化していったということなのだろうか。確かに、茶代が現金以外の場合もあったようで、深井甚三は茶代を心付けと解釈し、「公家《くげ》や文人らは揮毫《きごう》したり、短冊に和歌などを記し、それらを茶代の代わりとした」（『江戸の宿』）と記している。

そして、高橋は「決った宿料を貰わないで、茶代でビジネスをやったということが日本旅館を阻害しています」と、旅館近代化の遅れの原因を茶代に求めている。

茶代に悩まされた「坊っちゃん」

さて、明治も末期、一九〇六年（明治三十九年）に発表された夏目漱石の『坊っちゃん』には、主人公が茶代に煩わされる場面があった。坊っちゃんが「四国辺のある中学校」に数学教師として赴任した最初の日、山城屋という旅館に泊まったときのことである。梯子段の下の暗い部屋に案内された坊っちゃんは、あとで涼しそうな部屋がたくさん空いていることを知って、悔しがる。夜は夜で、騒々しさも手伝ってなかなか寝つけない。翌朝、坊っちゃんは気がついた。

「道中をしたら茶代をやるものだと聞いていた。茶代をやらないと粗末に取り扱われると聞いていた。こんな、狭くて暗い部屋へ押し込めるのも茶代をやらない所為《せい》だろう。見すぼらしい服装《なり》をして、ズックの革鞄《かばん》と毛繻子《けじゅす》の蝙蝠《こうもり》傘を提げているからだろう。田舎者の癖に人を見括《みくび》ったな。一番茶代をやって驚かしてやろう」

腹が立った坊っちゃんは、持ち金十四円のなかから五円も茶代として出してしまった。そして、赴任先の学校へ出かけて旅館に戻ってみると、大きな床の間がついた十五畳敷きの広間に案内された。「生れてからまだこんな立派な座敷へ這入った事はない」ほどの座敷である。坊っちゃんはいい心持ちで大の字になって寝転ぶのである。

茶代の効果は抜群だったわけだが、この茶代について、小説の注釈には「旅館などで決まった料金の他に、心付けとして与える金銭。チップ」とある。しかし、前述したように、また後述の意識調査でもわかるとおり、茶代と心付けは別物として存在していたことを言い添えておきたい。

満州の経営者が提言した茶代の全廃

坊っちゃんに限らず、旅館の利用者はみな、茶代に悩まされていた。前出の満鉄鉄道部旅館総支配人・横山正男がこう記している。

「旅行者に取りて旅行の興味を減殺し、徒《いたずら》に無用の煩累を感ぜしむる最も不愉快なるものの一は、蓋《けだ》し日本式旅館の茶代なるべし」

これは、横山が「平原」第五号で発表した「日本式旅館の茶代廃止に就いて」の冒頭の一節である。

旅行で最も不愉快なもの、それは茶代だと断じているのである。経営者側もまた、茶代を悪弊と認識していたのだ。

彼はまず、「京城日報」の報道を見て、朝鮮人経営の日本式旅館が茶代を全廃しているのに、京城(現・ソウル)本町署管内の内地旅館組合ではいまだ全廃の状態には至っていないことを述べたうえで、満州では一九二二年(大正十一年)三月、満州旅館協会が満場一致で茶代廃止を可決したことを述べている。こうした状況が、この一文に至ったのである。

横山は経営者だけに、茶代の全廃を訴えるだけでなく、その後の策も提案している。茶代を廃止するとその分収入減になるので、これを機会に宿泊料金を見直し、室料・食事料とも明確に提示して、茶代に頼らない経営を目指せと説く。そのほうが結果的に、宿泊客も無用な不安を抱くことなく、満足してもらえるというのだ。

そして、おもてなしについても見直すべきだと主張する。懇切丁寧は旅館の生命だが、過ぎたるは及ばざるがごとしだというのである。例えば、女中が再三再四、茶を取り換えては勧め、世間話をしてくるのはありがた迷惑だと断じる。旅客は女中の友人ではないのだ、と。

これは筆者の推測だが、もしかしたら当時、過剰と思えるようなおもてなしを施すことで、旅館側は少しでも多く茶代を手に入れようと考えていたのかもしれない。しかし、横山は女中の人数を減らし、人件費を抑制して、その分、宿泊費を下げるのがいいと述べている。そのほうが、旅客にとってはありがたいことだからである。

また横山は、茶代返しが旅館経営を圧迫する場合もあるのではないかとの疑念を提示している。旅館が客から茶代を受けると、何らかの物品を茶代返しとして客に手渡していたというのだ。

具体的にはどのようなものなのか。横山の一文ではわからないが、一九四二年（昭和十七年）に発行された中村美佐雄の『旅館研究』には、こう記されている。

「旅館のお返し品といえば、スフ入りタオル、名刺入、石鹸袋、記入式時間表、名所旧跡の地図とエハガキ、日曜表、日本手拭、手帳、センス、マッチケース、ハンカチ、折畳状差などである。このうちどれを貰っても、余りパットしないものばかりである」

横山も「必要ならざるもの多く」、旅行者にとっては迷惑なものと見ていた。

また旅館にとっては、多種多様な物品を用意するため、横山によると、ある旅館は数千円の負担を抱えていたという。茶代を全廃すれば、当然、茶代返しも不要になり、旅館も自らの負担を軽減させることができると述べている（なお、前出のチェンバレンは、前掲書で「適当な茶代を支払ったお客が出立する時に贈られることになっている扇は、日常品における日本人の趣味の良さを示す魅力的な実例である」と記している)。

横山は、旅客と旅館、両者の利益を考慮して、以上のように提言するのだった。

茶代と心付け、それぞれをいくらにするか

一方、国内に目を転じてみると、東京旅館組合が一九二一年(大正十年)に茶代の全廃を決めている。

それでもこの取り決めは全国に広がらなかったのだろう、温泉の日本社発行の雑誌「新旅行」一九二七年六月号が、各界の著名人を対象に茶代に関する意識調査をおこなっていて、こんな回答が寄せられていた。

歌人の若山牧水は「ほんの心ばかりですが、特に感謝すべきとき、嬉しかったときは、奮発します。(略)小生はお帳場に出すよりも多額を、女中に出すことが多うございます。この方が出すのに親しみがありますから」と述べる。

作家の本山荻舟《てきしゅう》は「勤人《つとめにん》がボーナスを気にする時代である限り、私は茶代をはずみたい主義です。茶代をケチケチしてまで、必要以外の旅はしたくないと思っています。女中や湯殿の番頭には、殊に厚くしたいと思います」と述べている。

同じ作家でも、生方敏郎は「茶代などに苦心するのは馬鹿々々しいから、一刀両断に、上等旅館では茶代五円、女中に二三円、番頭に一二円、田舎旅館では茶代三円、女中二円、番頭一円と決定

して、紋切り型に出しました。ホテルでは一割のチップ」と割り切っている。

政治家の尾崎行雄も仕方なく支払っている。「茶代と祝儀は旅行中の一大不快事ですからこの悪習を廃したいとは思いますがまだ良法を得ないため。地方々々の友人に問合せて世間並と友人が申すだけやっています」

「宿屋へは原則として出しません」とするのは、思想家の吉野作造だ。それでも「女中への心付けは原則として出します」と述べる。「多くの宿屋では、女中は心付をあてにして、無給で働いていると聞きましたから」という。

陸上選手の人見絹枝も不払い組の一人だ。「私は決して茶代を出した事はありません。茶代をや

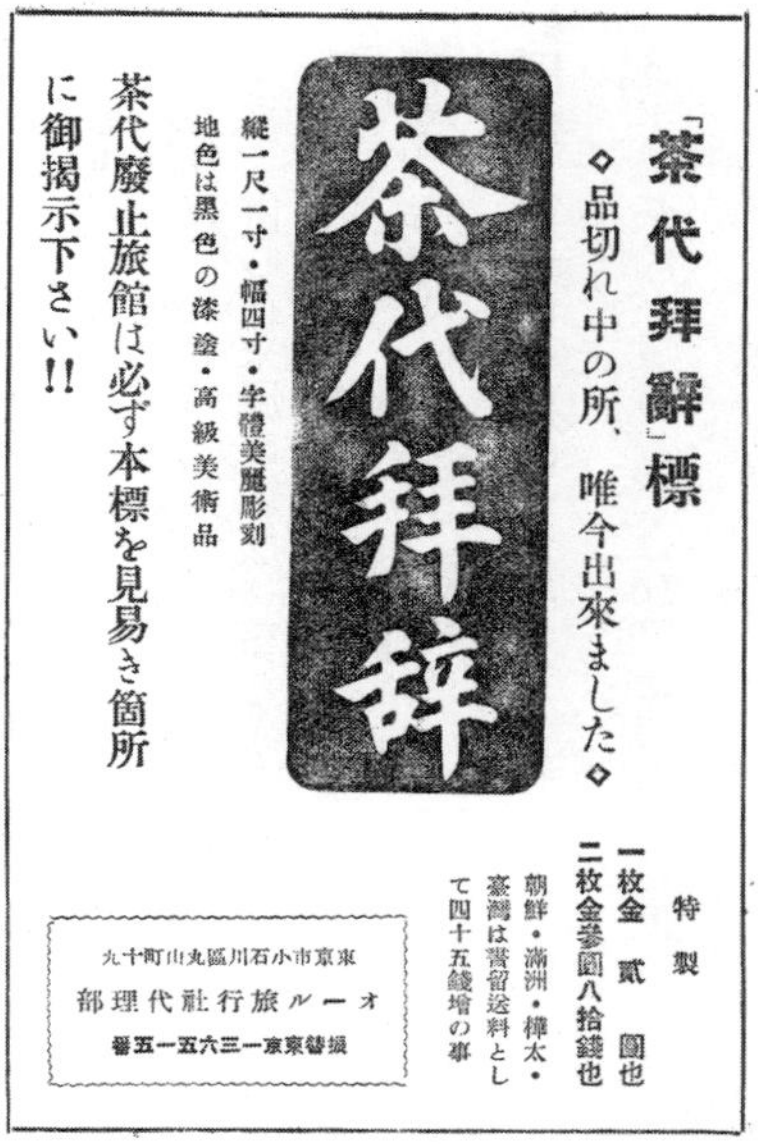

図5－3　茶代に対する悪評が広まり、茶代廃止の旅館が増えると、「茶代拝辞」の看板を販売する会社も現れた。これは中村美佐雄『旅館研究』（オール旅行社、1942年）に所収されたオール旅行社の自社広告。「縦一尺一寸・幅四寸・字体美麗彫刻／地色は黒色の漆塗・高級美術品」と宣伝していた。

る風習が、お客の一つの務めのようになっているため、それを与える人と与えない人によって、女中の態度が変ることがありますが、ほんとに気持のわるいことです」

このほか、「旅行案内を調べて、茶代廃止と銘打った宿を選びます」と言う人、「私は茶代廃止論者です。併《しか》し在来風の旅館に宿ると茶代を支払います」と言う人、「已《や》むを得ず出します。宿泊料よりも多いので馬鹿々々しいと思います」と言う人、「茶代廃止が実行されぬ今日ではまあ総額の一割を出せばよいでしょう」と言う人など、全体としてはさまざまな意見があった（図5―3）。

好評だった茶代不要のクーポン券

長年、茶代が煩わしい存在であることに変わりはなかった。だが、事態が改善される日がやってくる。

ジャパン・ツーリスト・ビューローがまず、乗車券や乗船券、旅館（一部ホテルを含む）の宿泊費用などをセットにしたクーポン券を発売した。一九二五年（大正十四年）のことである。これが好評だった。「発駅から着駅まで切符を買う面倒もなく旅行できるという、かつてなかった便利な通し切符の発売とあって、発売以来案内所の窓口は連日盛況を呈した」（日本交通公社社史編纂室編『日本交通公社七十年史』）という。

そして、一九三二年（昭和七年）からは単独で「旅館券」を発売した。その二年後に同ビューローが発行した冊子「クーポン旅館案内」に、その狙いが記されている。

「御旅行に際して誰れもが頭を悩まされるのは旅館のことでありましょう。（略）旅館選定のみならず、旅館に於ける料金、茶代等の問題も旅行者にとり大変煩雑なものであります。

是等旅館に関する一切の煩わしい気苦労を除き安心して経済的に愉快な御旅行を楽しんで頂く為ツーリスト・ビューローで設定発売致して居りますのが旅館券（クーポン）であります」

そして、このクーポンを使用すれば、「茶代は絶対に不要のことになって居ります。但し旅館使用人に対する心付は別に御配慮願います。「サービス料何割」と協定してある旅館では其の額を別に旅館へ御支払願います。此の場合、使用人に対する心付不要であります」となっていた。その利用範囲も、この時点で遠くは樺太、台湾、朝鮮の旅館、満州のヤマトホテルなどへと広がっていた。その総数は日本国内を合わせて約一千余軒に及んでいる。

同ビューロー内・東京ツーリスト倶楽部発行の雑誌「旅行日本」には、「クーポン旅館券利用番附」が載るほどだった。

ちなみに、手元にある同誌の一九三四年六月号には、その前年の番付が載っていて、東西両横綱は、伊豆・修善寺の菊屋五千六百八十一円と精進湖畔の精進ホテル五千六百三十八円、同大関には京城＝現・ソウルの三重旅館四千九百円と熱海の古屋旅館二千四百五十二円になっていた。参考までに記すと、当時の中級旅館の一泊二食付き料金は一人三円から四円程度である。

不明確な茶代から解放された明朗会計は、一般旅行者に歓迎された。ホテル・旅館側も明朗会計こそをおもてなしの一つとして考えるようになっていったのではないだろうか。

第6話　外国人旅行者が惚れ込んだ日本のホテル

明治期から昭和戦前期にかけて、日本を訪れた外国人はホテルに対してどのような印象を抱いたのか。彼らの手記を読み解きながら、日本のホテルに対する外国人からの評価を見てみよう。

台湾人に注目された東急ホテルの成功

二〇一四年八月下旬、ザ・キャピトルホテル東急で「国賓大飯店×東急ホテルズ業務提携五十周年記念」と銘打った特別料理が供された。

国賓大飯店とは、英語名をアンバサダーホテルといい、台北の老舗ホテルである。東急が経営指導をおこない、一九六四年（昭和三十九年）に開業を果たしたものだった。『東急ホテルの歩み』に当時の経緯が記されている。

台湾省議会議長だった黄朝琴は公用で一九六二年（昭和三十七年）に来日し、銀座東急ホテルに宿泊した。黄は施設・サービス両面で同ホテルに満足すると、東急グループの総帥・五島昇に協力を要請した。黄は台北で国際級のホテルを計画していたのだ。その結果、①建設と運営に関し、東急が技術を提供して独立運営できるように指導する、②ホテル運営について指導員を派遣する、などの項目で合意に達した。この経営指導契約は二年に限られたが、その後も提携関係は続いて、今日に至ったわけである。

東急の五島慶太はヒルトンからホテル経営を学ぼうとして契約を締結し、東急では東京ヒルトンホテルを開設する前に、慶太の「手習いにやってみろ」の指示で銀座東急ホテルを完成させていた。そのホテルが台湾の黄の目に留まったのである。

前掲書は、同ホテルの成功の要因について、次のように分析している。

「素人の鉄道屋にホテル経営ができるものか、と冷ややかな目で見ていたホテル業界を見返そうと、この半ば素人集団は、ホテル業界の常識を破る、数々の新企画を打ち出していった」

「なににもまして「サービスは常にお客の身になって」（社員標語募集で一席になった清水静子作）をモットーに全社員が身をもって実践、サービス向上に努めた賜物でもあった」

日本が高度経済成長を成し遂げる一九六〇年代、東京はホテルブームを迎えるが、東急の台湾への経営指導は日本のホテル業界の水準を立派に証明したと言えるのだろう。

いや、東急ばかりでなく、ホテルオークラもインドネシア政府の要請で、二軒の国際的ホテル（ジョクジャカルタのアムバルクモ・パレスホテルとジャカルタに近いサムドラ・ビーチホテル）の経営技術援助契約の調印式を一九六四年（昭和三十九年）におこなっている（契約期間は五年間で、いずれも一九六六年に開業した）。日本のホテルはこの時期すでに国際的に評価されていたのである。

明治初期の有名ホテルが見物の対象になっていた

では、明治時代から昭和の戦前までの近代に目を移したとき、外国人旅行者は日本のホテルにどのような評価を与えていたのだろうか。

アメリカの詩人ヘンリー・ロングフェローの息子チャールズは一八七一年（明治四年）に来日して、早速、こんな場面に出くわしている。

「江戸ホテルはだだっ広くがらんどうでひどいホテルである。使用人はいないし、門番は年に六十・〇〇支払って確保した権利で、日本人を案内して西洋風の生活様式の一例としてホテルを見物させている。日本人は我々を奇妙な人種だと思っていることだろう。彼らは一人あたり六セント払って外の世界を覗いているのだ」（チャールズ・アップルトン・ロングフェロー『ロングフェロー日本滞在記』。なお、引用文の六十・〇〇は、六十アメリカドルのことだろうかという注釈がある）。

江戸ホテルとは、一八六八年（慶応四年）八月に落成し、百二の客室を備えた築地ホテル館のこと。なまこ壁に覆われた独特の外観で、多くの錦絵に描かれた新名所だった。ただし、居留地が設けられた築地は、同様な位置づけにあった横浜ほど大きくは発展せず、ホテルの営業成績もあまり芳しくなかった。そんなわけで、チャールズが目撃したホテルは宿泊客があまりいないために見物の対象にさえなっていたのだろう。

どんなによくできたホテルであっても、ある程度の繁栄があってはじめて、おもてなしを尽くす態勢が整えられると言えるのかもしれない。

客の心のなかの望みをかなえてくれる給仕たち

ワシントンのポトマック河畔に日本の桜を植樹しようと、当時のアメリカ大統領夫人にはたらきかけたことで知られるエライザ・ルアマー・シッドモア。その彼女の著書『日本・人力車旅情』に、こんな一節がある。

「日本人の美徳のひとつに、もてなしのよさが挙げられる」

ジャーナリストだった彼女は一八八四年（明治十七年）頃に初めて来日し、日本に魅せられて、以後たびたび日本に姿を見せたという。その理由の第一は、先の言葉に表れていると言えるのかもしれない。

実は、明治期に日本を訪れた外国人の手記からは、日本人のおもてなし上手に感銘を受けた事例が多く読み取れる。例えば『ジャングル・ブック』などの名作で知られる作家ラドヤード・キプリングは、一八八九年（明治二十二年）に神戸のオリエンタルホテルを利用した際、日本人の給仕たちのサービスを受けて、こう書き残した。

「あなた〔ホテルの経営者を指して：引用者注〕が見事に訓練した、細身の青いズボンをはいた大勢の日本人給仕たち――ビロードの上着を着せればやや小柄なハムレットにも見えるほどハンサムで、客の心の中の望みを即座にかなえてくれる――をほめたたえるトップ記事を書きますよ。いや、詩を書こう。「満ち足りた生活のバラッド」という詩を」（ラドヤード・キプリング著、ヒュー・コータッツィ／ジョージ・ウェッブ編『キプリングの日本発見』）

このように、今日でも求められる理想的なサービスに感銘を受けている。

キプリングが滞在した十一年後、一九〇〇年（明治三十三年）に利用したリチャード・ゴードン・スミスもオリエンタルホテルを評価している。

「静かなところだが、立派なホテルである。はじめからここにしなかったのが、ひどく悔やまれる。支配人は礼儀正しく、食事もおいしい。それに、建物全体にきわめつきの高級感がしみついている」（リチャード・ゴードン・スミス『ゴードン・スミスのニッポン仰天日記』）

博物学者のように日本をつぶさに見つめた彼は、ホテルに関しても記述を残した。箱根・宮ノ下では富士屋ホテルに宿泊して、「ホテルのウェイトレスたちは日本人で、そのうち二人は、私がこれまでに見たなかで最高にきれいな女性だった。大きな帯を締めて優美によそおった彼女らは、たがいにペチャクチャしゃべったり笑ったりしながら、するすると歩く」と書いている。温泉の浴室も快適だったと好感を抱いているが、よほど彼女たちを気に入ったのだろう、「ミヤノシタ行きの旅をする価値は唯一、前述のフジヤホテルにいた二人のウェイトレスのような魅力的な女性が待っていることだと思わずにはいられない」と本音を明かしていた。

また、伊勢山田では五二会ホテルに宿泊、「そこはホテルというよりも茶屋という感じだった。だが非常に快適で、テーブルに椅子で西洋料理を食べさせてもらった」と記している。ただし、団体客が芸者遊びをしていて、夜は騒々しかったと不満を漏らしていた。

不自由さを感じさせるほどの美しい部屋

イギリスの旅行家イザベラ・バードは、一八七八年(明治十一年)に金谷カテージ・イン(日光金谷ホテルの前身。二〇一五年から「金谷ホテル歴史館」として公開)に滞在したが、創業者・金谷善一郎や彼の妹の人柄、美しく整えられた部屋を『日本奥地紀行』で褒め称えた。

「彼〔金谷:引用者注〕はたいそう快活で愉快な人で、地面に届くほど深く頭を下げた」

「彼の妹は、私が今まで会った日本の婦人のうちで二番目に最もやさしくて上品な人である」

「私は部屋がこんなに美しいものでなければよいのにと思うほどである。というのは、インクをこぼしたり、畳をざらざらにしたり、障子を破ったりしまいかと、いつも気になるからである」

なお、バードが記した「彼の妹」は、串橋《さるはし》弘之『金谷カテッジイン物語』によると、実際は実姉・串橋せんのこと。「カテッジインを実質的に切り盛りしていた」人物だった。

イザベラ・バードが金谷カテージ・インに投宿してからちょうど十年後の一八八八年(明治二十一年)には、のちにフィリピン建国の父と謳われたホセ・リサールが東京ホテルに宿泊した(東京・日比谷公園内に記念碑がある)。その際、友人宛ての手紙でこう書き送っている。

「日本には泥棒がほとんどいません。民家はいつもカギをかけないままで、壁も紙でつくられているのです。ホテルでは安心して、テーブルの上にお金をおきっぱなしにできます」(セザール・Z・ラヌーサ/グレゴリオ・F・ザイデ『日本におけるホセ・リサール』)

リサールの一文は、安全であることもまた、おもてなしの重要な要素であることに気づかせてくれる。リサール訪日の三年後、一八九一年(明治二十四年)に来日したE・カヴァリヨンは、こう書き残している。

「プログレス・ホテル〔名古屋のホテル：引用者注〕を離れる時、素晴らしい歓迎をしてくれたホテルの人達全員が、男も女も、子供までも、通りまで見送ってくれ、深々と頭を下げてくれた。私も出来るだけ誠意のある挨拶を返し、いつまでも後ろを振り返りながら、足早の別当の車に揺られて駅へ向かって行ったのである」（E・カヴァリヨン「明治ジャポン一八九二」、C・モンブランほか『モンブランの日本見聞記』所収）。当時の純朴な日本人の礼儀正しさが目に浮かぶようだ。

こちらにも女性従業員に注目する人たちが

カヴァリヨンはその後、箱根に向かい、富士屋ホテルに宿泊する。

「私が泊まった富士屋ホテルの従業員は娘達だけであった。この娘達は忍耐強く、上品で、いつも唇に笑みを浮かべて給仕をしてくれる。私は男の給仕よりも、とりわけフランスのレストランのギャルソンよりは好ましいと思っている。いやオーストリアの良き都であるウィーンのきらびやかな制服姿の召使いを含めてもの話である」

カヴァリヨンの心は、先のゴードン・スミスと同様、日本人女性の給仕で満たされたのである。

そして、カヴァリヨン訪日の二年後、一八九三年（明治二十六年）に富士屋ホテルに滞在したオーストリア皇太子フランツ・フェルディナンドもまた、女性従業員の存在に注目している。

「ここのホテル〔富士屋ホテル〕は――宿泊した体験からいえば――英米人を念頭におき、まったくヨーロッパ風に建てられている。ただ、サービスは女性従業員のみによってなされるから、その点、ここが日本だと意識させられるが、そうでなければ、スイスのホテルにいるかと錯覚するほどだ」（フランツ・フェルディナンド『オーストリア皇太子の日本日記』）

皇太子は、実は日本らしい宿屋情緒を期待してやってきたのだが、富士屋ホテルが「流行の先端をゆくようなホテルであった」ことに驚いている。

「朝食も、昼食も、夕食もベルで告げられ、館内には英語が響きわたっている。だが、ここには少なくとも、ペコペコお辞儀をくりかえす貴顕紳士の姿もないし、それに新鮮な山の空気は好ましく薫っていた」

富士屋ホテルの雰囲気は予想外ではあったものの、おおむね好印象を抱いたようだ。

京都のホテルで最高の支配人

一九〇二年（明治三十五年）頃に初めて来日して、四年後に再来日したイギリスの写真家ハーバート・G・ポンティングは『英国特派員の明治紀行』で、こう記している。

「特に都ホテルのよく気がつく支配人浜口氏がいろいろ親切にとりはからってくれたお蔭で、この古都に対する私の愛情はとみに深まったのである。本当に楽しかった経験の多くは浜口氏の提案によったもので、彼に案内してもらって遠出をしたことが何度もあった」

「浜口氏は京都のホテル支配人の中では最高で、大変に礼儀正しい人物である」

この浜口氏とは、浜口守介のこと。都ホテル編・発行の『都ホテル100年史』によると、青年時代にアメリカに遊学、帰朝して日光金谷ホテルや中禅寺湖畔のレークサイドホテルで修業、ハミーの愛称で親しまれた。毎夜、酒場や談話室で客の相手を務めていたという。

図6－1　山の中腹、現在の円山公園のあたりにあった也阿弥ホテル。この写真では、ほぼ中央、横に並んで見える一連の建物がホテル。モースは「長い坂と石段とを登らなくてはならぬ」と書いているが、眺望の良さを楽しんだだろう。

また、京都では当時也阿弥《やあみ》ホテルや京都ホテルも評判を得ていたようだ。どちらも同じ人物（井上万吉と喜太郎の兄弟）が関わったホテルだ。

一八八一年（明治十四年）、割烹旅館のような形で創業していたという也阿弥だったが、やがて長崎で外国人のガイドをしていた井上万吉がそれを買い取り、ホテルとして営業を始めた。その翌年、大森貝塚の発見で有名なエドワード・モースが三度目の来日で利用して、こう書き残している（図6―1）。

「このホテルは日本風ではあるが、西洋風に経営されていて、それ迄の、各様な日本食の後をうけて、半焼のビフテキ、焼馬鈴薯、それからよい珈琲は、誠に美味であった。（略）部屋にはいずれも広い張出縁と、魅力に富んだ周囲とがあり

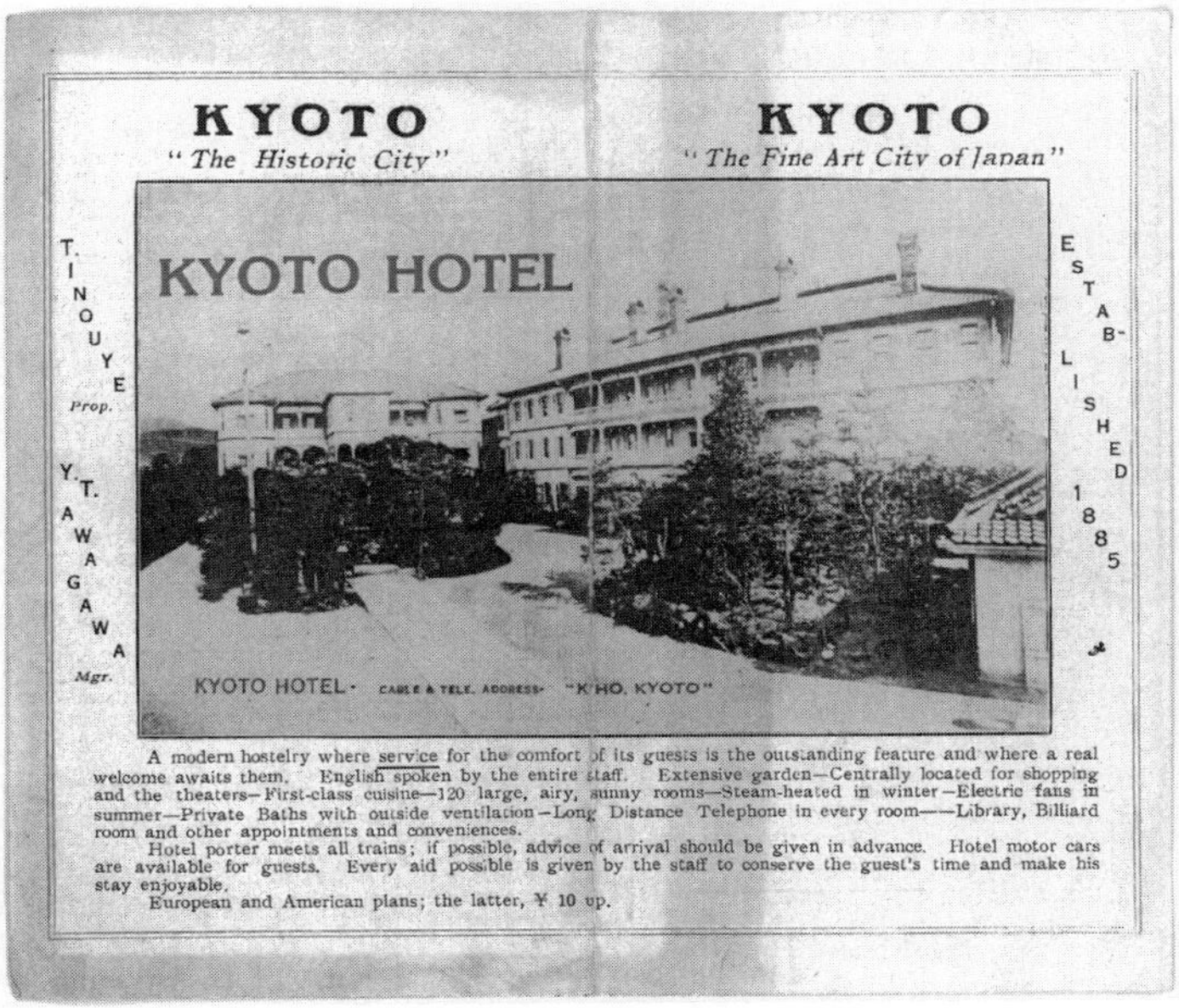

図6－2　京都ホテルの英文パンフレット。英会話が堪能なスタッフがいることのほか、施設の内容を説明しているが、1行目の「service」にアンダーラインを引いて強調している。

佳良である」（エドワード・シルヴエスター・モース『日本その日その日』）

　また、イギリス陸軍少将レヴリー・ミットフォードは、増築されたばかりの棟に滞在したのだろう、「このきれいなホテルは、その後われわれが幾夜となく過ごした日本の普通の旅館にくらべると、まれに見る快適な設備だった」（ヒュー・コータッツィ『維新の港の英人たち』）と絶賛している。

　その後、万吉の弟・井上喜太郎は京都ホテルを経営することになるが、敷地が広かったため、やがて敷地内に社宅を幾棟も建てた。これがおもてなしの面で功を奏したようだ（図6—2）。

「職場と住宅が一緒でしたから、勤務はまるで二十四時間制みたいなもので、何か問題が起こると、すぐに全員が集まって処理することができるなどの便利さもありました。そんな家族的な雰囲気の中から、お客さまへのサービス精神なども培われたものと思います」（京都ホテル編『京都ホテル100年ものがたり』）

大正時代の頃の話で、年の暮れには従業員とその家族が集まり、餅つきをするのが恒例の行事だった。今日でも、ホテルによっては、スタッフとその家族が一堂に会する親睦パーティーを開いて社内の和を図るが、これはその走りだろう。

ホテル不足を嘆く日本人女性

ところで、これまで主に明治期のホテルに対する外国人の好意的な記述を見てきたが、ここで批判の声にも耳を傾けておこう。発言者は日本人である。その名は野村みち。横浜で古美術商・サムライ商会を営み、のちにホテルニューグランドを経営する野村洋三（第17話を参照）の妻である。

野村みちは一九〇八年（明治四十一年）、東京と大阪の朝日新聞社が主催した日本初の世界一周団体旅行に参加した人物で、その九十六日間の旅行の見聞記を残している。そして、そのなかで、彼女は海外のホテルと対比して、日本のホテルへの不満を述べているのだ。

例えば、最初の滞在先であるハワイのアレキサンダー・ヤングホテルを見て、次のように記している（図6―3）。

「これほど広大な建築と行き届いた設備はアメリカ本土にも数少ないと聞いておりましたが、まさ

図６－３　野村みちが滞在したアレキサンダー・ヤングホテル。みちは屋上庭園を散歩して、心地いい涼風に快感を覚えている。創業者のヤングは農場経営で資産を築いたようだ。

にその通りでした。

大理石の装飾は目を驚かせる見事なものですし、客室数は二百以上。（略）今のところは収支が折り合わないそうですが、半永久的な将来の利益を見越しているので、現在の赤字は気にしないのだそうです」

それに反して、日本のホテルは——。

「我が日本は今や世界が環視する中心であり、来日する外国人も年々増えています。それなのにホテルの設備がこうした変化に対応できていません。ただいたずらに目の前のわずかな利益にばかりあくせくとして、その先にある将来の莫大な利益のことを考えていないのは、いつもながらまことに恨みの多いことでございます」

（野村みち『ある明治女性の世界一周日記』）

「世界が環視する中心」というのは、一九〇五年（明治三十八年）にポーツマス条約で日露戦争が終結したことを受けての言葉だろう。

図6－4　威容を誇るフェアモント・ホテル。和室を設けていたことに驚かされる。このホテルでは、いつからかは不明だが、室内のプールサイドで食事や午後のお茶を提供するなど、斬新なサービスもおこなっていた。

また彼女は、サンフランシスコのフェアモント・ホテルを訪れたときにも同様の感想を抱いている（図6―4）。偶然、同ホテルが和室を設ける工事を目撃して、日本人大工になぜ和室を作っているのかを尋ねた。その大工は、日本人の宿泊客が年々増えているので、和室の必要をホテルが感じたこと、また日本からどんな高貴な方がお見えになっても支障のないようにしたからだ、と答えた。彼女は思う――。

「いつもながらのアメリカ人の機敏さには感じ入ります。翻って我が国を見れば、外国人観光客は年々増加しているのに、彼らを満足させられる宿泊施設の用意がないばかりか、四年後に開催予定の博覧会が迫っているのに、ホテル一つ建てるのに躊躇してばかりいます。歯がゆいかぎりです」

確かに、当時の日本はホテル不足の情勢にあったようで、この二年前には阪谷芳郎大蔵大臣の「ホテルの不完備は最大の欠点にして之を設備する事刻下の急務なり」という談話が「時事新報」に掲載されている。

スタッフの応対については、イギリスのホテルに軍配を上げている。

部屋の鍵を受け取りにフロントへ行くと、「ありがとうございます」と言われ、彼女は驚いてしまった。「ありがとう」はこちらが言うべき言葉ではないか、と思い、こう述べている。

「イギリスに来て意外だったのは、ボーイなどが皆親切で愛想がよいことです。どんな面倒なことを頼んでも「ありがとうございます」と言って、即座に動いてくれます。他国では決して見られないことでしょう」

野村みちは、明治天皇をはじめ、政・財界の大物たちが訪れた箱根の名旅館・紀伊国屋で生まれ育ち、結婚後は外国人を顧客とする古美術商を夫・洋三とともに営んでいた。そういう経験から深い見識を得ていたのだろう。それだからこそ、こうしたホテル事情を敏感に察知することができたのであり、彼女の意見には重みが感じられる。

ホテルは最も満足すべきもの

手元に、一九三五年（昭和十年）に発行されたジャパン・ツーリスト・ビューロー訳編『外人の見た日本の横顔』という本がある。同書は、当時の外国人による日本印象記を収めていて、ホテルに関する記述も散見される。興味深いところを抜き書きしてみよう。

ロサンゼルスに事務所を構える鉄道会社の旅客課長とボストンの旅行会社の支配人は、共著の形で「ツーリスト的見地より、主要都市及遊覧地のホテルは最も満足すべきものである」と記し、日本人のもてなしぶりも絶賛している。

「サーヴィスは最も批判的な人々にとって遺憾とする点はない。ボーイよりマネジャーに至るまで常に各客人に特別な留意を払い、殊に米人旅客には悉《あら》ゆる歓待を惜しまざることは明かである。日本ホテルの与えるサーヴィスは日本独特の礼譲、鄭重、微笑に混《まじ》えられたる模範的美点のため、いやが上にも心よく能率的なものとなされる」

また、彼らは料理についても「些少の懸念をも払う必要はない」と評価、ただしベッドの改善を求めて「マットレスとスプリングとを取換えること」を望んでいる。

コロンビア大学の教授S・M・リンゼーは「日本を旅行して次に驚くことは交通の便利なこと、旅館〔主要ホテルも含めて：引用者注〕の優秀なことである」と記し、次の思い出を強調している。

「殊に別府亀の井ホテルで受けた歓待の如きは終生忘れることが出来ないであろう」

どのような歓待だったのか。ホテルは入り口と庭に歓迎の言葉を花でつづって日米両国の国旗で飾り、さらにイルミネーションの装飾を施した。そして、主人自らが先頭に立って挨拶して、ピアノを弾きながら歓迎の歌まで披露してくれたという。

この主人は、油屋熊八（第3話を参照）のことにちがいない（図6―5）。滞米生活の経験があり、英語が堪能な油屋は、当然ながら外国人の嗜好も理解していただろう。だから、外国人の応接もお手の物だった。

フランスの外交官で詩人のポール・クローデルが一九二六年（大正十五年）に別府を訪れたとき

も、油屋が案内した。クローデルは油屋のもてなしに好感を持ち、別府温泉のすばらしさを詠んだ詩をホテルで書いて、油屋に贈っている。

「別府に吾《わ》れ再び訪れむ／温《あたたか》きいでゆと温きもてなしに／吾がいのちよみがえる／温きいでゆなごやけに人の心／吾れ再び別府に来たらん」

この詩はのちに、碑となって北浜公園内に残された（表記は志多摩一夫『油屋熊八伝』による）。

図６―５　おもてなし上手だった油屋熊八夫妻が貴顕と写真に納まる光景。上から閑院宮、スウェーデンの皇太子殿下・妃殿下、黎元洪夫妻。黎元洪は中華民国の政治家で、第２代・第４代の大総統を務めた。写真は1927年（昭和２年）に亀の井ホテルが発行した「別府温泉 御遊覧の志を里」から。

議論の余地なくスエズ以東で最高

この油屋や前出の都ホテルの浜口支配人のように、上に立つ人物の指導力や行動力がホテルの評判を上げる事例はほかにも見られる。

帝国ホテルは、一八九〇年（明治二十三年）の開業後、しばらく営業不振が続いたため、優秀な外国人支配人を雇用することを決めた。

それで一九〇一年（明治三十四年）、支配人に就任したのがドイツ人のエミール・フライク。経験豊富な彼がさまざまな改革に着手すると、業績が上向いたという。英字新聞“The Japan Mail”の記者は、こう記している。

「スエズ以東にこれ以上のホテルがないことは議論の余地がなく、食事および接待はむろんのこと暖房も格段に改善され、間然するところがないばかりか、従業員はよく訓練され細かい点まで行き届いた素晴らしいサービスをする。こうした著しい改善ぶりはいうまでもなく、最近における欧風のマネジメントがもたらしたもので、まるで変身を遂げたようである」（帝国ホテル編『帝国ホテルの120年』）

この頃、帝国ホテルを利用した人物がいる。日本スキーの父と呼ばれるテオドール・フォン・レルヒである。彼の手記『明治日本の思い出』から印象記を引用してみよう。

一九一〇年（明治四十三年）十二月に横浜港に到着、その足で東京へと向かう。新橋駅の雑踏に困惑するも、「特に外人旅行者には行き届いた取扱いをしてくれ」、ホテルお抱えの人力車で帝国ホテルへ。「ホテルに着いて玄関の高いガラス戸が静かにしまったら、もうそこはヨーロッパであった」

レルヒは、入浴して旅の疲れを癒すと、食堂へ向かう。

「東京には冬が来ていた。だが大小ホールの心地よい暖かさがわれわれを包んでくれる。厚い絨毯の上を日本人ボーイが音もなく足ばやに通ってゆく。騒音もはしゃぎも高声もない――欧州のレストランではいつものことだが」。そして、「欧州のレストランのようなずるい、しばしば無遠慮な勤務ぶりは、日本人には見られない」。

レルヒは、帝国ホテルで日本第一夜を最高の形で迎えたようだ。ホテル全体の印象もこう記していた。

「何という精巧さ！　このホテルの装備に見られる巧さ！　特に目立つものとてないが、どのお客をも楽しませ、十分な満足を与えている。しかもそう金がかかっているとは思われない」

盲導犬同伴の青年を喜ばせた現場の判断

先ほど、上に立つ人物の指導力や行動力がホテルの評判を上げると書いたが、現場に立つ従業員の判断が利用者の心を捉えることも少なくない。

帝国ホテルでは、かつてこんなことがあった。一九三八年（昭和十三年）のこと。フロントに犬を伴ったアメリカ人の青年が現れた。彼の名はジョン・フォーブス・ゴードン。来日したばかりの盲目の大学生で、盲導犬のシェパードを引き連れていたのだ。当時のことが三月二十二日付の「朝日新聞」に報じられているので、この記事をもとに再現してみよう。

「食堂と出入り口に近い一階の大きな部屋をお願いしたいのですが」とゴードン君が言うと――。

「はい、かしこまりました。その犬はどうなさいますか」

「もちろん、一緒です」

フロントのスタッフたちは驚いた。開業以来、犬を泊めたことはなかったからだ。おそらく、盲導犬の受け入れも初めてだっただろう。

「せっかくですが、犬は屋外にお願いできますか。ご一緒ではお泊めできないのですが」

ゴードン君は落胆し、見えぬ目に涙を浮かべて同行者と相談していると、それを見た宮森副支配人がこう言った。

「それでは、特別にお泊めいたします。なにぶん、イタリアの使節団の方々で混み合い、前例もありませんので、二日間だけですが、北側階下の一三一号室にご案内いたしましょう」

これを聞いたゴードン君、大喜びで愛犬と一緒に部屋へ。宮森副支配人の配慮が盲目の青年に東京滞在の思い出を提供したのだった。

ちなみに、その五十五年後の一九九三年、帝国ホテルの宴会場に四十五頭もの盲導犬が集まった。国産盲導犬の第一号を育てた塩屋賢一の叙勲祝賀会での出来事である。同年三月十四日付の「読売新聞」は「祝賀会二時間、一頭もほえず」と報じていた。

商売気を離れたシノさんの誠意

おもてなしの良し悪しはやはり、客と直接触れ合うスタッフの判断や行動によるところが大きいようだ。前掲『外人の見た日本の横顔』に、こんな逸話があった。

アメリカ紙の理事が「米国人は京都ホテルに気持のよい印象を残しているに違いない」と書いて、自分の体験談を披露している。

勘定を支払おうとしたときのことである。マネジャーが急いで出てきて、こう言った。

「今勘定をお払いにならない方がよろしう御座いましょう。たった今大統領の金解禁でドルが下がったと云う通知が入りました。ドル相場が常態になった時に送金して下さって結構です。今お払いになると損をなさいますよ」

この人物は「日本人には沢山《たくさん》の欠点がある」とも承知していた。だが、日本人は几帳面《きちょうめん》で、自分が接触した日本人はみな、真正直であると述べていた。

また、アメリカの作家マーチン・ソマースは、都ホテルのシノさんのことをつづっている。その作家は「朝も昼も晩も、何時《いつ》も内気な微笑を浮べて」食堂の入り口で迎えてくれるシノさんに好感を抱き、「空腹をかかえて帰って来ると、何だか何時も自分の家にでも帰るように思われた」という。なぜ、そう思ったのか。それは「シノさんが商売気を離れた、親しみ深いサービスをしてくれたから」である。シノさんが締める、毎日異なる華やかな帯の絵柄にさえ、彼女の誠意を感じるほどだった。

そして、この作家は生涯忘れえぬような思い出を披露する。

あるとき作家は、妻のために下駄を買おうと探したが、適当な大きさのものがなかなか見つからない、とシノさんに話したことがあった。

さて、作家が離れがたい京都の最後の夜を迎えていたとき、部屋の扉をノックする音が聞こえた。「そこには、シノさんが、満面はち切れるような喜びを浮べて立っていた。右手には下駄を持っている。そして、彼女はこう言った。

「これなら足に合うでしょう。毎晩毎晩捜し回っていたのですが、とうとう今晩見つかりましたの。クリスマスのプレゼントに差しあげますわ」

心温まる逸話である。

第7話　外国人は旅館に何を感じ、何を求めたか

日本全国にホテルが普及している現代と違って、かつては大都市やごく一部の観光地にしかホテルは存在しなかった。そのため、外国人が地方都市を巡る際には旅館に滞在することになるが、それには困難な点が多々あった。彼らは何に不満を感じ、どんな改善点を求めたのだろうか。

イギリス人女性が見た明治・日本の本当の姿

江戸時代から明治へと改元されてからちょうど十年後の一八七八年（明治十一年）五月、一人の

イギリス人女性が横浜港に降り立った。旅行家イザベラ・バードである。

彼女はそれから三カ月を費やして東北と北海道を旅したが、その間、多くの旅館を利用した。彼女の著書『完訳 日本奥地紀行2』の訳注者・金坂清則によると、「バードは一般にそれぞれの宿泊地で最もいい宿に泊まっている」が、プライバシーが保てない宿ではときに日本人の好奇の目にさらされ、騒音に悩まされた。例えば、こんな具合だ。

「赤湯は硫黄泉の温泉町である。できればここで泊まりたかった。しかし、ここはこれまでに経験したうちで最も騒々しい所の一つだった。(略) ここに複数の浴場[外湯]があり、いずれも混浴の人であふれ、大声が響き渡っていた。そして入った〈宿屋〉はこのすぐそばに位置し、四〇室ほどもあった。ところがリウマチを患う客が畳の上で横になった部屋や、〈三味線〉がかき鳴らされたり、〈琴〉がキーキーと爪弾かれる部屋でほとんどふさがっており、その騒音にはとても我慢できなかった」

そこで上山《かみのやま》へ歩を進めた。荷を下ろしたのは同地随一の旅館・会津屋である。バードはここですばらしい女将やその美しい娘たちと出会う。周囲を案内してくれた娘に対しては「上品で〈機転がきくこと〉に感服」し、温泉には気持よく浸かり、夜は蚊が多かったため「もし女将と美しい娘たちが一時間も根気よく団扇《うちわ》であおいでくれなかったなら、一行も書けなかったと思う」と記している。

宿の多くは「驚くばかりにすばらしかった」

横手では「最上の〈宿屋〉でさえひどいものである」と書いたが、具体的にどうひどかったかは明らかにしていない。白沢の宿では「部屋は池の上に一部覆いかぶさるように建っており、まるで蚊を誘い込むかのようだった。日本人が汚れた水の溜まった薄汚い池をなぜ家の装飾と考えるのか、私にはさっぱりわからない」と不満をあらわにしている。

それでも、宿屋の印象はおおむね良好というか、絶賛に近い評価を残している。

「私の泊まった宿の多くが、日本人［の旅人］さえ通らないような、主な街道筋から外れた小さくてむさ苦しい村にあったことを考慮すると、その宿は蚤《のみ》と悪臭を差し引くなら驚くばかりにすばらしかったし、こんな辺鄙《へんぴ》な地域にあってこのような宿に匹敵するものは世界広しといえども、どの国にもないと思う」

またバードは、当時の意外な状況を報告している。「宿の主人には外国人に特別料金を請求する権利があると思われる」。どういうことなのか。「日本人なら六～八人がしごく満足できる部屋を外国人はたった一人で使い、部屋に水を持って来させ、妙なものを変な時間に料理するだけでなく、全般的に、日本人よりももっと面倒をかけるからである」

「一部の英国人や多くのアメリカ人のことを恥ずかしく思う。彼らはよい部屋に泊まり、〈布団〉を使いたいだけ使い、炭のたっぷり入った〈火鉢〉を使い、入浴の湯を用意させ、〈行灯《あんどん》〉は一晩中つけっ放しにし、したい放題に飲み食いして一五銭払うだけであり、チップも渡さない」

このもてなしのよさは、遠路はるばるお出でくださったという感謝の気持ちからきているのか、あるいは、外国人に対する怖れからきているのか、言葉が通じなくて、仕方なくそうしていたのか、その真因は定かではないが（場合によってそれぞれ理由が異なるのだろうが）、バードは宿屋の主人や同朋の話から、また同朋の振る舞いから、このような情勢を知ったのかもしれない。

ともかく、バードは真の日本の姿を見るために旅をした。混浴をにぎやかに楽しむ庶民や、おもてなしの心が豊かな旅館の人々に接することで、本当の日本を知ったのではないだろうか。

旅館の利用法を教えたチェンバレンの旅行案内

ところで、前出のバードと同じイギリス人のバジル・ホール・チェンバレンは、彼女より五年前に来日して、のちに富士屋ホテル敷地内に自分の書庫である王堂文庫を建てて有名になるが、外国人向けに『A Handbook for Travellers in Japan』第三版（W・B・メーソンとの共編。ただし、第一版と第二版はアーネスト・サトウとアルバート・ホーズの共編）を刊行している。

その第三版（一八九一年）の抄訳であり、第5話でもふれた『チェンバレンの明治旅行案内』に「宿屋・旅行料金」に関する項目がある。

「日本の宿屋で上等なものは現在では少しばかり椅子やテーブルが備えてある。もし少しもなかったら、近くの学校や警察署から備え付けものを持ってくることが出来よう」

こう、万一の対策を教えている。ベッドはまだ珍しい時代で、布団が敷かれることが述べられている。布団のことは、原著では「good quilts（futon）」と表現されていた。

また、次の知恵も読者に授けている。

「日本でよくゆきわたっている習慣として、旅館から旅館へと紹介状（案内状）を持ち歩くことがある。これは有益なもので、とくに流行病がはやる季節、外国人旅行者を疑いの目で見る様々な場所、特別な研究のために彼が道行く先の宿の主人と親密な関係を保っておきたい時などには有用である。多くの旅館には書式化された案内状が用意してあり、そこに旅行者の名前を書きこめば良いのである」

「日没前に目的地の旅館に着けば、だれもまだ入っていない風呂をつかうこともできよう。そうすれば、新しく風呂をわかしてもらうという手間とひまが省けることになる。さらにまた良い部屋を選ぶこともできよう」（風呂については「我々にとって、同意しがたいものは、日本人には同じ一つの風呂に入る習慣があることである。一人が入ったあと、もう一人が入る。あるいは同時のこともある」と重ねて述べている。）

石炭酸を持参せよとも忠告する。「多くの日本の旅館にたちこめる悪臭を消すため」である。

同書には当時の旅館の賢い利用法がこのように書き込まれていたが、チェンバレンがふれた紹介状（案内状）については、少し説明が必要だろう。重松敦雄の『旅と宿《しゆく》』によるとこうだ。

一八六三年（文久三年）版の「諸国定宿帳」の定め書きの項に、旅籠では賭け事、遊女買い、酒盛りを慎まなければならないことが述べられていて、こうした事項を守った宿泊客には、旅籠が「案内票」を発行していた。旅行者がそれに自分の名前を書いて次の宿に差し出せば、待遇をよくしてくれる仕組みだったのである。それが明治時代にも残っていたということだろう。

割高な宿泊費に憤慨したイギリス人

バードによると、外国人が日本人に比べて割安な料金で旅館に宿泊しているということだったが、実はまったく正反対のことを書いたイギリス人がいる。G・J・ヤングハズバンドという人物で、一八九四年（明治二十七年）に上梓した著作でこう記している。

「純日本式の旅館には、椅子やテーブルのような外国人の生活必需品の備えはない。また、食事も日本料理ばかり出るのだが、われわれは一般的にひとりあたり一ドルから一ドル五十セント請求された。日本人の客ならば、まったくおなじ部屋に五十セントで泊れるだろう」（前掲『維新の港の英人たち』）

この著者は、ヨーロッパ人は日本人客よりも多額の宿泊料を払う覚悟が必要だと旅行案内書で読み、より多くの面倒をかけるから仕方ないだろうと納得していたが、旅館の主人たちはその案内書を悪用して、「日本人客よりも二倍、三倍、時に五倍もの宿泊料を請求し、それを正当化するためにやおら旅行案内書にかかれたその文章を指し示」していたというのだ。

その案内書とは、前出のチェンバレンらが刊行したものだったのだろうか。彼らは、割高になる理由をこう記している。

「部屋を別々にしろとか、お風呂の水をとり変えろとか、いろいろな迷惑をかけるのである。そのうえ、台所では特別に洋食を料理せねばならない。宿屋の主人は外国人の宿泊を警察に届けねばならぬ等々で多くの仕事が増えるからである」

一部の悪徳業者は、これを根拠に割り増し請求していたのかもしれない。

悪臭や騒音などに苦しんだ外国人

前出のバードに限らず、明治初期から半ば頃に日本を訪れて旅館を利用した外国人の多くは、人々の好奇の目や騒音、臭い、蚊や蚤に悩まされている。再び前掲『維新の港の英人たち』から引用してみると――。

「私の友人が言うには、多分に好奇心から、土地の男女が夜更けにたえまなく部屋を覗きにきたそうだ。友人はほとんど眠ることができなかったという」(ヒュー・ウィルキンソン)

「宿屋の照明器具といえば悪臭を放つ暗い行燈以外になにもない」(ルイス・ウィングフィールド)

行灯の油は、灯油が高価だったため、菜種油やイワシなどの魚の油を使用することが多く、そのため悪臭に感じたようだ。

「大都市名古屋の第一級の旅館では、ひとつの階に十五から二十の客室があり、隣室とのあいだは薄葉紙を張った可動式の間仕切りでへだてられている。したがって、隣室の音などとても遮断することができるものではない」(ルイス・ウィングフィールド)

ほかの宿泊客の話し声で眠れず、「日本が絶対に耐えられぬ国だと観念した」という。

また、ネズミが天井裏を駆け巡る音に驚いた人もいた。

「〝地震が発生して、建物が倒壊するのだろうか?〟　いや、そうではない。それはただの鼠に過ぎなかった」(オーガスタ・C・デビッドソン)

この人はネズミに指をかじられて「血が噴き出した」という。

風呂番にチップを与えていた日本スキーの父

「日本の宿屋生活は欧人にとって不都合のことが多い。特にテーブルや椅子が少なく、畳の上にいなければならないことだ。誰でも、風俗、習慣になれず、言葉もできなかったら、このヤドヤ生活には、とてもなじめないだろう。そこで彼はヤドヤをさける。そうすれば後になってから、ヤドヤの悪口をいわなくともすむ」

このように、外国人の旅館に対する感想を端的に記したのは、日本人に〝スキー術〟を伝授したオーストリア・ハンガリー帝国軍少佐テオドール・フォン・レルヒである（前掲『明治日本の思い出』）。

チェンバレンらは、上等な宿屋ならば椅子やテーブルが用意されていることを述べていたが、レルヒは反対のことを書き残している。レルヒが利用した宿屋は上等なものではなかったのだろうか。レルヒは一九一〇年（明治四十三年）に来日して、二年ほど滞在し、各地を旅行した。その間、旅館も利用して、先の印象を得たわけである。

そんなレルヒが宿屋生活の経験を重ねるうちに、風呂番にチップを与えるようになった。なぜか。「風呂ができたら、すぐ知らせてくれるように頼んでおく。知らせがあり次第、急いで一番風呂に飛込む。後風呂に入るあの後味の悪さからは救われる」からだ。チェンバレンらと同様、レルヒも「どの客も、みな同じお湯に入る」ことには抵抗を感じていたのである。

それでも、日本の旅館が清潔であることは評価していた。
「ありふれた宿屋でも、清潔であった点は、欧州人にとって、まことに楽しいことであった」

アメリカ人一行百余人、日本を体験す

時代が進んで一九二九年（昭和四年）七月のこと。別府温泉の亀の井ホテルに百十七人（うち女性が五十一人）のアメリカ人一行が訪れた。彼らは太平洋沿岸の大学の教授や学生で、外交や政治・経済・建築の研究者たちだった（図7―1）。

この旅行の目的の一つは、努めて日本人に接し、日本旅館に滞在し、日本の食文化を体験することにあった。

外客誘致を研究し、外客に旅館の利用促進を訴えていた江野沢恆という人物が彼らを取材して、日本の旅館に対する感想を尋ねている。彼らの印象はこうだったという。

「室内の清潔な事、雇人が親切丁寧である事、着早々御茶を出す事、床間飾りが美しい事、スキ焼が美味な事」（江野沢恆「米国旅行団より日本旅館への希望」「旅」一九二九年十月号）

一方、次の希望条件が上がった。この記事に従って列記してみよう。

「一、障子や襖を開けずに室内の換気をなし得る装置
二、風呂場、便所には確然たる男女の区別をなす事
三、室内に石鹸及タオルを備え置く事
四、洋服掛けを備付くる事

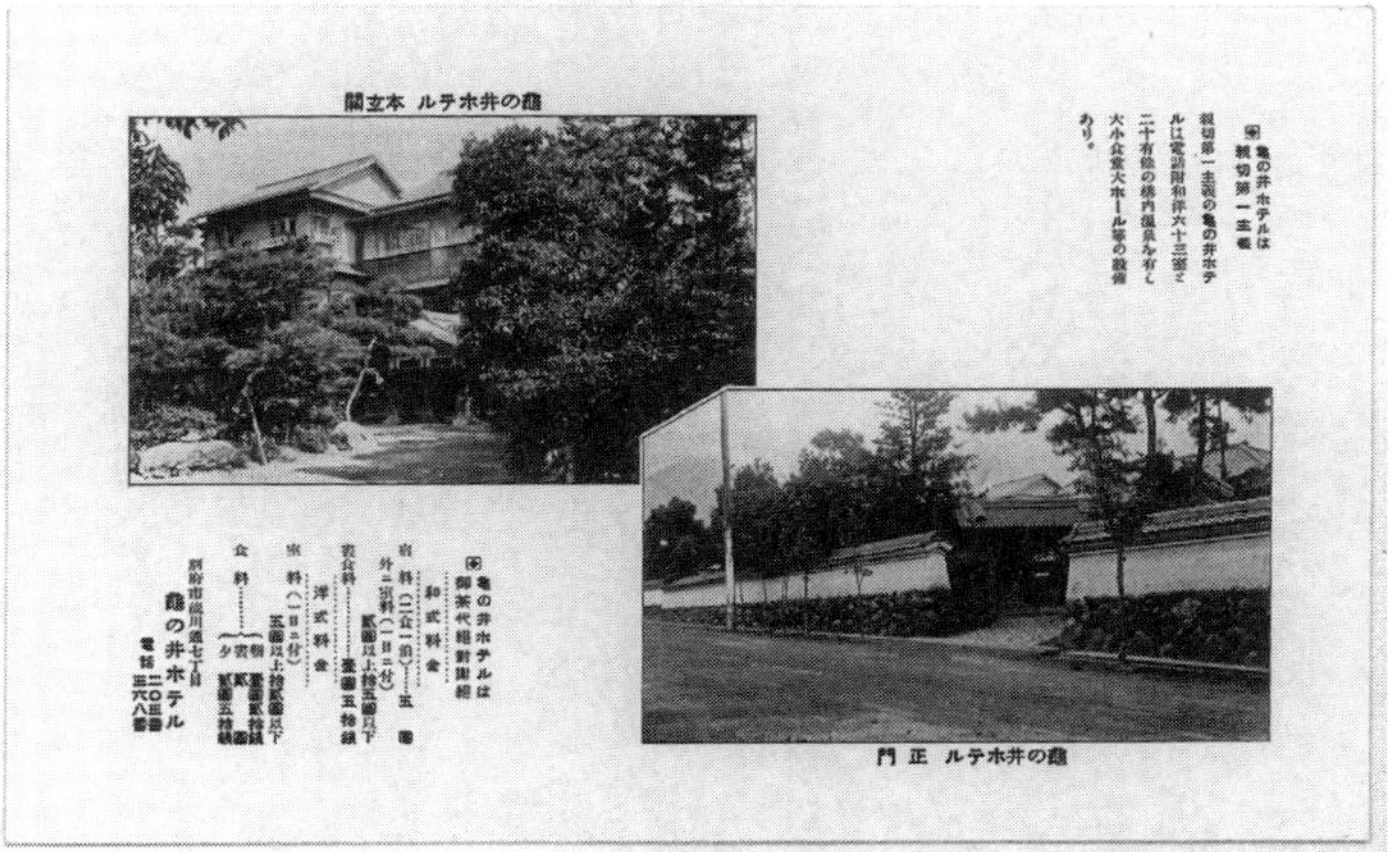

図7－1　亀の井ホテルは絵はがきで和洋63室を備えていると説明。和式と洋式それぞれ料金が設定されていた。和式は2食付き料金、洋式は食事別の料金。いわば旅館とホテルの混合形態だったようだ。

五、敷布団及掛布団の間には必ず清潔なる二枚のシーツを使用する事、枕は成可く西洋風で白布の覆をなす事
六、食事には果物及ケーキの如き甘味あるものを添うる事
七、室内には常に飲料水を備え置く事
八、日本便所の場合には腰掛けにて用便をなし得る事、便紙を添ゆる事
九、室内に椅子を備うる事」

彼らの要望は具体的かつ細部にわたっている。逆に見れば、当時の旅館の様子がわかる。

また、記事の執筆者・江野沢は亀の井ホテルで外客に理想的な部屋を発見した、とも記していた。八畳二間の和室でも設備が整っていて、訪問した外客も「東西両文化が此の室でハモナイズされて居る感があると賞賛して居た」という。同ホテルの経営者・油屋熊八（第3話を参照）は滞米生活の経験もあり、西洋人の要求も

理解していたのだろう。

朝食だけは西洋式を望みたい

前出のアメリカ人一行が来日した翌年、同じくアメリカ人の雑誌寄稿家F・ロックウッドが旅館に泊まり、取材記「日本旅館に泊る」を残している（前掲『外人の見た日本の横顔』所収）。利用したのは、熱海ホテル（日本間）、名古屋の八勝館、宮島の岩惣、そして前出の亀の井ホテル（日本間）である。

サービスがよかったので、いずれの旅館でも気持ちよく滞在できたと彼は述べているが、元来が旅館好きなので、一般的な視点を得るため、旅行中に巡り会った外国人から意見を聞き、取材記をまとめたとしている。

改善点は、前述のものと重なる点が多く、改めてふれることは省くが、著者は「食事の問題は最も重要なこと」として、紙数を費やしている。なかでも「朝食は他の食事と別箇に取扱うべきであり最も重大なる考慮を要するもの」と述べている。「米国人は見慣れない朝食を出されたら、単にそれだけの理由でいやだという。朝食にはどうしても西洋料理が欲しいと主張する」のだ。

その内容は、「果物／オートミール（ポリッヂ）／卵／トースト・パン／紅茶または珈琲／ジャムまたはマーマレード」で、これにハムエッグが加わったら、それがいちばん望ましいという。コーヒーについては、日本ではまだ淹れ方がよく理解されていないので、「即席珈琲」でもかまわない、とする。当時は「ジョージ・ワシントン」という銘柄のインスタント・コーヒーがあったようだ。

「大抵、米国人は朝よい珈琲を飲めば人が好くなり一日中平静な気持で暮らせると云われている位である。であるから米人客を朝の珈琲で気をくさらしたら他の一般のサービスまでケチをつけられるのは珍しくないことである」

この記者は、日本庭園を備えた宮島の岩惣を気に入ったが、それでも一週間泊まるなら、朝食は宮島ホテルに取りにいくだろうと述べていた（宮島ホテルは外観が和風だったが、ホテル形式の営業だった）。

外国人を応接するときはこうしよう

一方、一九三六年（昭和十一年）に発行された大塚陽一の『サービス読本』には、旅館が外国人客を受け入れるときの注意点が挙げられている。一部を引用してみよう。まず、従業員の心がけ、応接の仕方について教えている。

「◇外人客に対して無表情であることはよくありません。心の中丈《だけ》でどんなに親切であっても、それは相手に通じませんから、はっきりと之を態度に表わす心掛けが必要です。

◇外国人は一般に人の前では女尊男卑ですから、婦人同伴の場合には男子よりも婦人客を大事にしなければなりません。

◇年齢を無闇に尋ねてはなりません。西洋では大変失礼なことになっています」

食事に関してはこんな具合だ。

「◇食事の仕方や箸の持ち方などについては親切に手真似で教えてあげねばなりません。
◇お酒、その他の作法も出来るだけ日本式にすると喜ばれます」
設備、そのほかでは次の点を注意する。

「◇便所の内部には、必ず忍び錠を造っておかねばなりません。外人客に対しては特に必要なことです。
◇便所に案内するときは、戸口まで行ってはなりません。外人客は、外に御婦人が立って居られては用が達せないそうです。
◇入浴の際、女中さんが中を覗いて、湯加減をたづねたり、また流しのために浴室内に入ることは無用です」
以上のことを読んでみると、当時の日本人客には普通におこなわれていたことが、外国人客には通じないこともあるのだと教えているような注意事項も見られる。ただし、外国人客を応接する際の心の持ち方は、日本人の場合と少しも変える必要はないという。「誠心から親切にするならば、必ず先方に通じるのであります」と述べていた。

一軒の旅館から日本の歴史を読み解いたアメリカ人

のちに日本史に関する著書を上梓するオリバー・スタットラーは、静岡県の水口屋を初めて訪れたときのことをこう記している（図7―2）。

「その時初めて、私は水口屋の上品な客の出迎えを経験した。すばやく女達が集り、私達に泊って

図7－2　静岡県興津の老舗旅館・一碧楼水口屋。近代では後藤新平が水口屋を再発見し、一碧楼と名付けた。

もらえることを喜び、うやうやしくおじぎをし、温い微笑を浮かべる。こういう挨拶は、初めての時から、非常に親しみ深いものに思われた」（オリバー・スタットラー『ニッポン歴史の宿』）

戦後の一九四七年（昭和二十二年）、軍属として来日したスタットラーは、予算監理官として働いていたとき、「ジャパンタイムス」で静岡県興津の水口屋の小さな広告を見つける。日本に興味を持ち始めていたスタットラーは、誘われるようにして水口屋へ向かった。

彼は冒頭から水口屋のおもてなしに魅了された。そして、三方が庭に面した部屋、冷たいおしぼり、ほどなくして運ばれてきた茶菓、松の木で作られた浴槽にくつろいだ。最初は浴槽の湯は熱すぎると感じたが、次第に心地よく感じるようになった。

ホテルでなく、旅館に引かれたことがスタットラーの日本の歴史に対する興味を強く促したと言ってもいいだろう。望月家二十代目当主の主人と

図7－3　スタットラーが著した『JAPANESE INN』（RANDOM HOUSE、1961年）。広重の浮世絵が表紙にあしらわれたが、左右が逆版になっている。図柄の都合だろうか。筆者所蔵の本書には、衆議院議員で日米の文化交流に尽力した笠井重治（じゅうじ）への献辞が記されている。

の交流でこの旅館の歴史を知り、徳川家康の時代からの逸話を掘り起こしていく。武田信玄の麾下《きか》の武士だった望月家が水口屋を始めたこと、江戸時代末期と幕末期の、浮世絵師・歌川広重や侠客・清水次郎長（彼の女房のお蝶は水口屋で女中奉公をしていた）、薩摩藩主・島津久光にまつわる逸話なども紹介している。

例えば、島津公は水口屋をいたく気に入っても、直接褒め言葉を口にしなかった。そのかわり、主人を呼び、丸に十字の島津家の家紋を末代に至るまで使っていいと述べたという。

また、戦後しばらくたった一九五三年（昭和二十八年）のこと。来日したアメリカの野球チームであるニューヨーク・ジャイアンツが日本のチームと親善試合をおこない、静岡市に滞在する予定だったが、ジャイアンツの若い選手たちが風呂桶の湯に浸かるのをいやがり、シャワーを浴びたいと言いだした。関係者がシャワー設備がある施設を探すと、水口屋にあることがわかった。連絡を受けた水口屋の主人は、シャワーとガーデン・パーティーで選手たちをもてなしたのだった。

なお、スタットラーの『ニッポン 歴史の宿』は、はじめは『JAPANESE INN』としてアメリカで一九六一年に発行され、ベストセラーになったという。スタットラーが水口屋に感銘を受けた結果、水口屋の名と日本の歴史的逸話がアメリカで知られるようになったのだった（図７—３）。

第８話　渋沢栄一が残した言葉

「日本近代資本主義の父」と呼ばれた経済界の指導者・渋沢栄一は、帝国ホテルの経営に携わったほか、外客の誘致機関である喜賓会を創設するなど、おもてなしの近代化にも貢献し、後進に大きな影響を与えた。そして、渋沢の精神はジャパン・ツーリスト・ビューロー、国際観光局の創設へと発展していった。

帝国ホテルは私設外務省

二〇一四年、東京・王子の渋沢史料館が「実業家たちのおもてなし　渋沢栄一と帝国ホテル」と題した企画展を催した。渋沢は、帝国ホテルの開業時から約二十年間、理事長、そして取締役会長の地位で経営に携わった人物である。その企画展で圧巻だったのは、巨大な一覧表だった。それには、渋沢が帝国ホテルを利用した年月日と目的が記されていたのである。

もちろん、自分が経営に参画しているホテルだから、利用するのは当たり前だと言えばそれまでだが、五百余の企業設立に関与したと言われる渋沢だからこそ、会議や会食・宴会、外国の要人・賓客との面談や接待などで頻繁に出入りしたのである。そして、その際は、自らが客人をもてなす意識で利用したのではないだろうか。

一八七九年（明治十二年）から八七年（明治二十年）まで外務卿（大臣）を務めた井上馨が渋沢や大倉喜八郎らに帝国ホテルの建設を促したのは、八七年初めと言われる。このとき渋沢は、四十六、七歳の頃である。海外渡航の経験もあるので、この時代のホテルの役割や位置づけ、重要性は理解していたはずだ。だから、井上の進言を納得して受けたのだろう。

その渋沢が、帝国ホテルの会長を退いた後の一九二四年（大正十三年）、当時、支配人となっていた犬丸徹三に、創設時の状況を説明しながら、こう言ったという。

「井上外相は（略）わが国に純洋式の大ホテルを建設して、日本人といえども先進諸国民と生活様式を同じうし得る可能性を持つことを明示すべきであるとの結論に達して（略）創立されたのである。（略）帝国ホテルは民間の経営とはいうものの、半ば国家の事業たるべき性質を備えている。その支配人たるもの、この点を忘れることなく、今後一層励努されたい」（前掲『ホテルと共に七十年』）

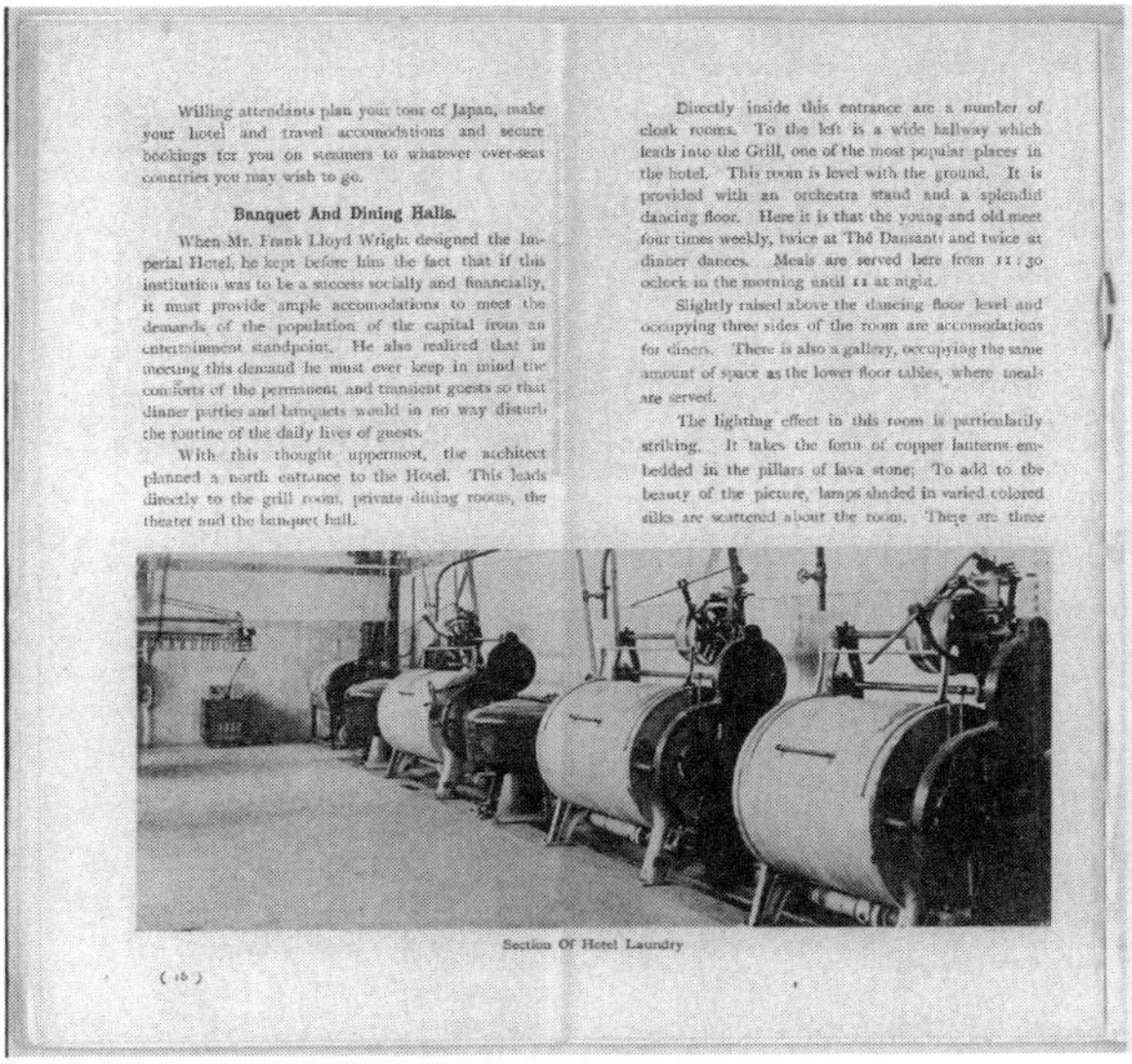

Willing attendants plan your tour of Japan, make your hotel and travel accomodations and secure bookings for you on steamers to whatever over-seas countries you may wish to go.

Banquet And Dining Halls.

When Mr. Frank Lloyd Wright designed the Imperial Hotel, he kept before him the fact that if this institution was to be a success socially and financially, it must provide ample accomodations to meet the demands of the population of the capital from an entertainment standpoint. He also realized that in meeting this demand he must ever keep in mind the comforts of the permanent and transient guests so that dinner parties and banquets would in no way disturb the routine of the daily lives of guests.

With this thought uppermost, the architect planned a north entrance to the Hotel. This leads directly to the grill room, private dining rooms, the theater and the banquet hall.

Directly inside this entrance are a number of cloak rooms. To the left is a wide hallway which leads into the Grill, one of the most popular places in the hotel. This room is level with the ground. It is provided with an orchestra stand and a splendid dancing floor. Here it is that the young and old meet four times weekly, twice at Thé Dansants and twice at dinner dances. Meals are served here from 11:30 oclock in the morning until 11 at night.

Slightly raised above the dancing floor level and occupying three sides of the room are accomodations for diners. There is also a gallery, occupying the same amount of space as the lower floor tables, where meals are served.

The lighting effect in this room is particularily striking. It takes the form of copper lanterns embedded in the pillars of lava stone; To add to the beauty of the picture, lamps shaded in varied colored silks are scattered about the room. There are three

Section Of Hotel Laundry

(16)

図８－１　「THE JEWEL OF THE ORIENT」と題した帝国ホテル（ライト館時代）の小冊子。すべて英文で、表紙を含めて30ページの構成。電気設備やランドリーの機械、厨房、食器洗浄機、製氷機など裏側の部分も説明している。最新機器もまたおもてなしを支える要素であるという意識から編集されたものだろうか。

この言葉は、犬丸の心に深く刻み込まれた。そして「常にあくまで公共優先の立場を経営の上に固く貫くべきである」と思うようになった。

さらに犬丸は、このホテルが政府の迎賓館としての役割を務めてきたことで、「帝国ホテルを以《もっ》て私設外務省なり、とする声を耳にすることがある」と述べている。

この例えは、多少の揶揄《やゆ》を込めての形容かもしれないという感想を抱きながらも、犬丸自身は率直に受け取っていたようだ。いや、むしろ、重要な役割を果たしてき

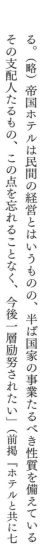

た歴史、これこそが同業他社との違いであると自負して、ほかとはおもてなしの深さが違うのだと言外に匂わせている。

また、犬丸が「諄々《じゅんじゅん》として慈父の如き教訓を垂れられたものである」と記したように、渋沢は従業員に対してもこんな言葉をかけていたという。

「色々の風俗習慣の、色々の国のお客を送迎することは、大変に御苦労なことである。骨の折れる仕事である。然乍《しかしなが》ら君達が丁寧に能《よ》く尽くして呉れれば、世界中から集り世界の隅々に帰って行く人達に日本を忘れずに帰らせ、一生日本をなつかしく思出させることの出来る、国家の為にも非常に大切な仕事である。精進してやって下さいよ」（前掲『帝国ホテルの１２０年』）

私設外務省としての気概——この精神が帝国ホテルを支えていたのだ（図８—１）。

外客を積極的に誘致するという発想

ところで、渋沢は外客を誘致してもてなす重要性にも思い至り、帝国ホテル開業の三年後、一八九三年（明治二十六年）には、三井財閥の大番頭と呼ばれた益田孝らとともに喜賓会（英語名：Welcome Society）を設立した。

かつてパリに赴いた渋沢と益田は、外国人観光客で活気づく街を見て、外客誘致機関の設立を思い付いたということだ。「おもてなしの精神」という言葉からは、どことなく〝待ちの姿勢〟が感じられなくもないが、客が来てこそ「おもてなしの精神」がはじめて発揮できることを考えれば、積極的に誘致することの重要性もまた理解できるだろう。

事務所を帝国ホテル内に置いて開かれた創立総会では、その目的を次のように明らかにした。

「我が国山河風光の秀、美術工芸の妙、夙《つと》に海外の称讃する所なり、万里来遊の紳士淑女は日に月に多きを加うるも之を待遇する施設備わず、旅客をして失望せしむること少なからざるを遺憾とし、同志深く之を慨し遠来の士女を歓待し行旅の快楽、観光の便利を享受せしめ、間接には彼我の交際を親密にし貿易の発達を助成するを以て目的とす」(前掲『日本交通公社七十年史』)

また、のちに、渋沢は喜賓会設立の狙いをこうも語っている。

「成るだけ一日も長く足を留めると云う観念は、唯単に御国自慢でなしに、一種の経済的考えとして持たねばならぬと云う事は、何人も考えたので御座います」(ジャパン・ツーリスト・ビューロー編『ビューロー読本』)

外国人旅行者が一日でも長く日本にとどまれば、日本経済にプラスになる――「何人も考えた」と言うが、それを実行に移したのは、さすが「日本近代資本主義の父」と呼ばれた渋沢である。


さて、外国からの賓客を喜ばせるという意味で、中国の「詩経」の一句から名付けられた喜賓会は、次の綱領を掲げた。

「◇旅館の営業者に向かって、設備改善の方法を勧告すること」「◇善良なる案内者を監督奨励すること」「◇来遊者を歓待し、また我が邦の貴顕紳士に紹介の労を執ること」など。英文の案内地図や旅行案内書も数十種作成した。


ただ、運営費は会員の会費と寄付で賄われていたため、喜賓会は次第に財政難に陥っていく。そんなとき現れたのが、木下淑夫だった。木下は喜賓会に替わる新たな組織として、ジャパン・ツーリスト・ビューローの設立を提案したのだ。

また、その前に、来日した日本協会（ジャパン・ソサエティ）の会頭リンゼー・ラッセルからこんなことを言われたと渋沢は回想している。

「〔日本は：引用者注〕山水明媚の国で色々風物に富んで居る事であるから、何かもう少し心配したらよくはないか、と云う事を極く親切に言って呉れました」（前掲『ビューロー読本』）

外客誘致によって外貨の獲得を図るべきで、それにはまず外客誘致の機関を設置すべきだというのである。喜賓会の活動では十分ではないと渋沢は悟ったのだった。

渋沢の意を汲んだ次代の人物・木下は鉄道人だった。毎日新聞社編・発行『旅情一〇〇年』に「旅客サービスの父」と題した、木下に関する一文が収められている。

「国鉄の旅客サービスを推進し、国鉄の新しい営業方針を確立したのは、鉄道院の営業課長木下淑夫だった」

木下はなぜ「旅客サービスの父」となることができたのか。それは、二度の欧米視察・留学で先進国の鉄道サービスの重要性を学んだからである。彼は、第一線の接客従事員や専務車掌、列車給仕を集めて、サービスの基本精神をこう説いたという。

「ていねい懇切であること、公平な待遇をすること、忠実で廉潔で、なんにでも間にあう人間になること」（同書）

これは言うまでもなく、ホテルや旅館の従事者に共通する「おもてなしの精神」だった。

ズボンは必ず〝寝押し〟をせよ

一九〇五年（明治三十八年）に訪米したとき、木下は、海外では日本の真の良さがまだ理解されていないと感じた。日本が文化度の低い、アジアの一小国くらいに見られていて、残念に思った。――日本を外国人に理解させるにはどうしたらいいのか。それには外国人を日本に誘致して実際に日本を見てもらうのがいちばんの近道である。国際親善のほか、国家経済振興にも役立つのではないか――と、かつての渋沢と同じことを考えたのだ（前掲『日本交通公社七十年史』）。

こうして、木下の頭のなかに外客誘致論が芽生え、それは鉄道院副総裁・平井晴二郎の共感を得たばかりか、喜賓会の渋沢からは「国鉄で別途機関を設ける計画があるなら大いに協力しよう」（同書）と申し出を受けて、具体化が進む（のちに喜賓会は解散）。

そして一九一二年（明治四十五年）、ジャパン・ツーリスト・ビューロー（以下、ＪＴＢと略記）の創立総会が開かれた。総則の第一条を「本会は外客を我が邦に誘致し、かつ、これら外客のために諸般の便宜を図るを以って目的とす」と定め、語学堪能なスタッフを各案内所に配置していく。外国人に好印象を持ってもらおうと考えたのだろう、次の注意事項を掲げた。一部列記すると、「◇洋服には毎日必ずブラシをかけること」「◇ヒゲを毎日そること」「◇ズボンはプレスしなくてもいいから、必ず〝寝押し〟をせよ」「◇靴をよく磨け」（同書）。

こうして、ＪＴＢでは身だしなみに気をつける〝ビューローマン・シップ〟の気質を育てていった。大正末期までは、服装手当が支給されたという。

また、一九三〇年(昭和五年)から太平洋戦争が始まる直前まで、JTBは社員を客船に乗り込ませ、船内斡旋の業務に就かせた。これは、日本郵船のアメリカ航路に就いていた豪華客船、浅間丸、秩父丸(のちに鎌倉丸と改名)、龍田丸に乗船した訪日外客に対して、観光情報を提供するほか、のちには鉄道の乗車券やホテルのクーポン券の販売をおこなったもの。訪日客からは旅程を有効に活用できる、との評判を得たという。

日本への理解を促進させた「ツーリスト・ライブラリー」

二〇一六年一月九日から二月二十八日にわたって、東京国立近代美術館が「ようこそ日本へ 一九二〇—三〇年代のツーリズムとデザイン」展を催した。その展示内容は、JTBや国際観光局、交通機関、ホテルなどが、主に外客誘致を目的に制作したポスターやパンフレット、雑誌や小冊子である。

当時、日本は観光立国に目覚め、著名な画家やデザイナーを起用して、盛んに「美しい日本」(のちにふれる国際観光局が吉田初三郎に依頼して最初に制作したポスターの題名)を対外的に宣伝した。展覧会はその頃の作品を集大成したのである。

こうした宣伝活動を主導し、日本のおもてなしをさらに充実したものに発展させようとしたのがJTBであり、その役割を受け継ぎ、強化させようとして一九三〇年(昭和五年)に創設された国際観光局だった。当時の内閣が輸入超過であった国際貸借改善の一方策として外客誘致に注目し、「外客誘致に関する施設の統一連絡及促進を図る官設の中央機関」として設立されたものだ(鉄道

省国際観光局編『観光事業十年の回顧』)。

さて、こうして誕生した国際観光局は、先の展覧会でも見られたように、さまざまな制作物で外国人旅行者を誘致して日本への理解を促進したが、ここではその一つ、「ツーリスト・ライブラリー」に注目しておこう。なぜならば、「心から日本に来させようとするには我が文化、風物もある程度理解させるなり、興味を持たせなくてはならぬ」(同書)ということで、日本文化の紹介に熱心に取り組んだからである。

「ツーリスト・ライブラリー」は、一九三四年(昭和九年)に創刊した。叢書という形で英語版、大きさは四六判で、七十ページから百ページ程度の小冊子の形態をとり、三、四十点の写真を収めていて、見た目にもわかりやすい構成になっていた。

その内容は、第一巻の茶の湯から始まり、能、桜、日本庭園、広重と日本風景、日本演劇と続いた。前掲『観光事業十年の回顧』によれば、六年間で第三十三巻まで発行されていたことがわかる(最終的に四十巻)。各巻とも一万部から二万部の発行部数になっていた。なかには三版計四万部に及んだものもあった。「世界各地のあらゆる階級の人々から非常に嘱望せられ、(略)如何に好評であるかをうかがい知ることが出来る」(同書)とされた。フランス語やロシア語、ポルトガル語に翻訳してほしいとの声もあったという(図8—2)。

「西洋から見ればこの日本という国が一種の特に珍らしい国柄とも見られるわけである。(略)世界の一等国としてこんなに変っている国は珍らしいに相違ない」と記したのは、一九四〇年(昭和十五年)に『観光読本』を上梓した井上萬壽蔵だった。特殊な国柄の日本だけに、この「ツーリスト・ライブラリー」は外国人による日本の理解に重要な役割を果たしたと言えるのかもしれない。

井上はまた『観光読本』で、観光事業は経済振興にも役立つが、その根本の目的は国際親善にあると説いていることも見逃せない。

「その地方なり、その国なりに観光客を呼びよせることによりその地方事情やその国柄を十分に知

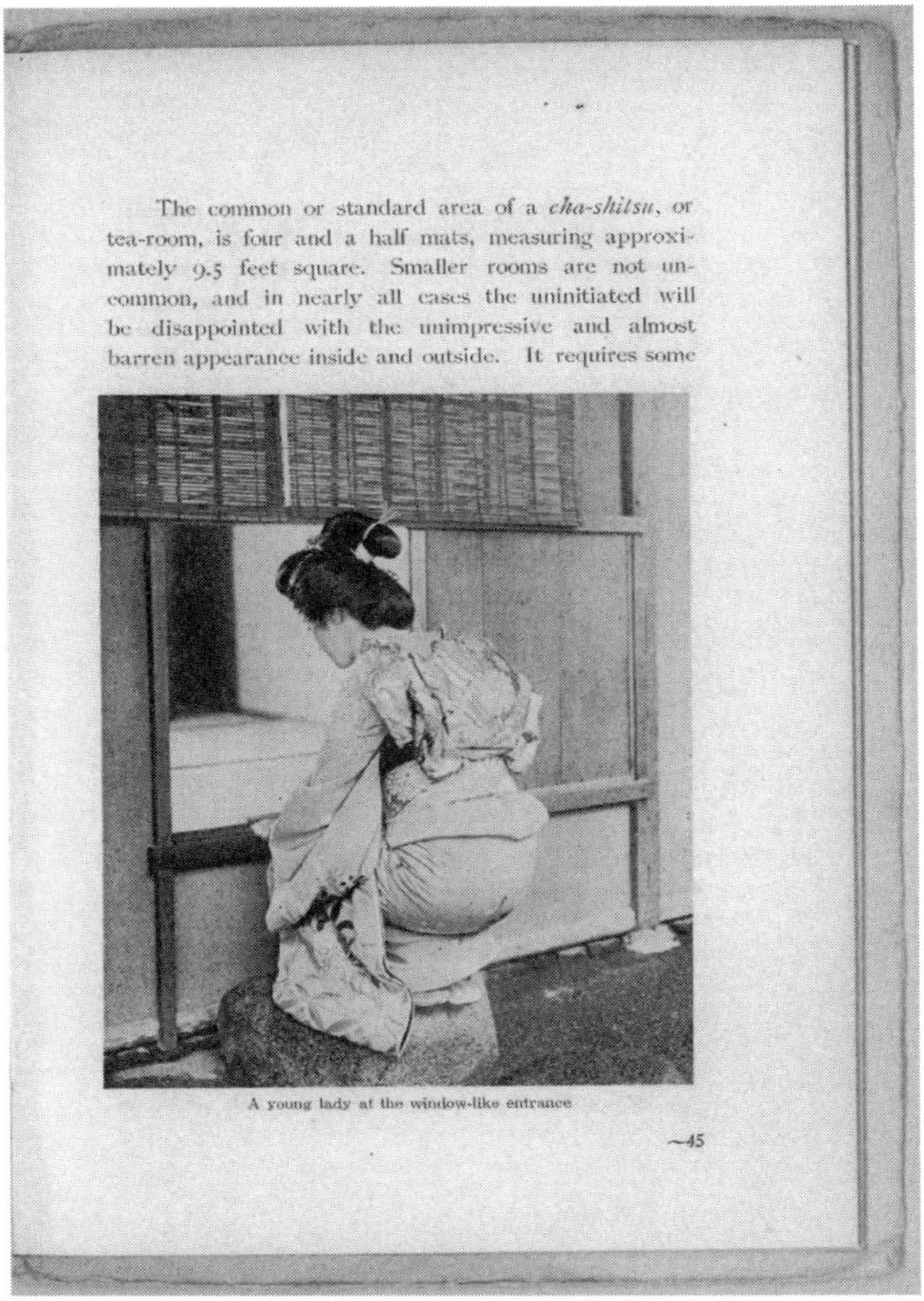

The common or standard area of a *cha-shitsu*, or tea-room, is four and a half mats, measuring approximately 9.5 feet square. Smaller rooms are not uncommon, and in nearly all cases the uninitiated will be disappointed with the unimpressive and almost barren appearance inside and outside. It requires some

A young lady at the window-like entrance

—45

図8－2　「ツーリスト・ライブラリー」の第1巻『TEA CULT OF JAPAN』。写真を示してわかりやすく解説している。筆者所蔵のものは1937年（昭和12年）発行の第3版。女性が茶室の躙（にじ）り口から入るところを写真で紹介している。

らしめ、やがてそこに相互に親善の情を起させることになる。この効果こそ、さきにも述べたごとく観光事業のもっとも重要なもっとも高い目的なのである」

井上は、ドイツの詩人ヨハン・ヴォルフガング・フォン・ゲーテの言葉であるとして「知るは愛するの始」を掲げる。互いが知ることで国際親善を図ることができ、「国際親善によって世界平和工作に寄与することになる」と述べている。

日中戦争が始まって三年、また翌年には太平洋戦争が始まる時期に出版された『観光読本』。井上の著作を重みのある言葉として受け止めた人々は、どれほどいただろうか。

参考　昭和期における訪日外客数の推移

昭和二年	二万六三八六人	昭和八年	二万六二六四人
昭和三年	二万九八〇〇人	昭和九年	三万五一九六人
昭和四年	三万四七五五人	昭和十年	四万二六二九人
昭和五年	三万三五七二人	昭和十一年	四万二五六八人
昭和六年	二万七二七三人	昭和十二年	四万〇三〇二人
昭和七年	二万〇九六〇人	昭和十三年	二万八〇七二人

（出典：井上萬壽蔵『観光読本』〔無何有書房、一九四〇年〕。数値は内務省の調査）

第9話　コンシェルジュの組織力を支えるもの

一九二九年にフランスで誕生したコンシェルジュの組織レ・クレドール。その結成の理由は何だったのか。また、なぜ、ホテルのおもてなしの担い手として地位を確立することができたのだろうか。

始まりはネットワーク作り

ベルリン国際映画祭の銀熊賞（審査員グランプリ）を受賞して、二〇一四年に日本でも公開された『グランド・ブダペスト・ホテル』（監督：ウェス・アンダーソン）は、古き良き時代の一九三〇年代、架空の小国のホテルが舞台。主人公はコンシェルジュだった。

映画の導入部で、多くの宿泊客がこのコンシェルジュを頼って訪ねてきているとの説明があり、彼の人気ぶりを伝えて、見る者をこの世界に引き込んでいく。客は人に付くという、今日でも不変の〝法則〟を示していて興味深い。

さて映画は、このコンシェルジュが殺人犯の濡れ衣を着せられ、逃亡しながら事件を解決しようと奮闘するさまを描いていくが、そのなかで、主人公が各地で活躍するコンシェルジュの仲間たちの協力を仰ぐ場面があった。映画では秘密結社クロスト・キーズ協会のメンバーたちとなっていたが、このモデルは、一九二九年（昭和四年）、フランス人のフェルディナン・ジレーがその前身を結成したレ・クレドールだろう。

実際、コンシェルジュの必読書である『究極のサービス』（ホリー・スティール／デルタ・コリンズ）に、印象的な一節がある。

「コンシェルジュの最大の友人はコンシェルジュ」

顧客の困難な要求に応えるにはときに仲間の協力が必要であり、その意味でもネットワーク作りが重要だと説いているのである。そして、レ・クレドールはまさにコンシェルジュのネットワークを作り上げるために結成されたものだった、と前掲書は述べていて、レ・クレドールの代表を務めたことがある人物の言葉を紹介している。

「コンシェルジュのレベルはその人物のコネの強さで決まる」

敬意を得るまでに至った職種

今日、高級ホテルでその地位を確かなものとしているコンシェルジュだが、その語源は意外なものだ。前掲『究極のサービス』によると、中世にまでさかのぼることができるようで、一説には、奴隷仲間を意味するラテン語のコンセルヴス（Conservus）に由来するという。

現代で意味することとはあまりにもかけ離れた語源だが、他者に仕える行為（あるいは人）をどことなく感じさせる言葉ではある。

では、ホテルでのコンシェルジュは、いつが起源なのか。十九世紀後半にホテルが大型化するようになって入り口で宿泊客を迎えて鍵を渡す係が配されたが、これが始まりだとされている。ただし現代でも、集合住宅では門番や管理人として、その役割を果たすこともあるようだ。

例えば、ベルギー出身の作家ジョルジュ・シムノンのメグレ警視シリーズ『メグレ間違う』では「門番の女《コンシェルジュ》は第二回の郵便をよりわけていた」などと全編にわたり、わざわざルビ付きで訳されている。原文がコンシェルジュと記されているのだろう（参考までに記すと、筆者の手元にある『クラウン仏和辞典』〔三省堂、一九九一年〕には「①（アパルトマンやビルの）管理人、門番．②〔話〕（門番女のように）おしゃべりな人」の説明しかない。また、一九七九年に原著が発行され、八五年に角川書店から翻訳版が発行されたコンシェルジュが主役の小説、ナン＆アイヴァン・ライアンズの『シャンパン・ブルース』は接客係《コンシェルジュ》と訳されていた）。

だが、「アパートのコンシェルジュは低い評価に悩まされました」と、前掲『究極のサービス』が述べている。「卑しい身分から、今日の最先端のホテルで大きな責任を任され敬意を得るまでに至」ったのは、ホテルで実績を重ねてきた先達の努力のたまものであるようだ。

だからこそ、航空会社や法律事務所、デパートなどさまざまな業界でコンシェルジュが登場する現在の〝コンシェルジュ現象〟が起きるようになったという。そして、ヨーロッパのホテルでは「この仕事に一生を捧げる人も多いのです」と教えてくれる。

では、日本のホテルでコンシェルジュの存在が認識され、活躍し始めたのは、いつ頃からだろうか。

〝法王に次ぐローマで最も有力な男〟

比較的早くからコンシェルジュに注目していた人物がいる。戦艦大和で砲術参謀を務めるなど太平洋戦争時には海軍に籍を置き、戦後、ホテル業界に進んだ新田善三郎である。

彼は、一九六五年（昭和四十年）に上梓した『ホテルマンの基礎知識』でこう記している。

「コンシエアジはヨーロッパのホテルの花形です。彼らはその能力を一定水準に保ち、また互いに連絡していろいろな便宜を図るため、全ヨーロッパを通じてのコンシエアジ協会をつくっています」

そして新田は、かつて、アメリカの雑誌「サタデー・イブニング・ポスト」が掲載したエクセルシオール・ホテル（ローマ）のコンシェルジュであるアルベルト・ピントに関する記事を引用して、コンシェルジュの重要性に注目している。

「世界情勢に通じるばかりでなく、世界中から集まる旅行者の話を聞くことを忘れず、どのレストランがはやっているか、今上映されている映画は見る価値があるかまで知っているピント氏は、〝情報の泉〟と考えられ、人々は彼を〝法王に次ぐローマで最も有力な男〟と呼んでいる」

新田はこの記事を読んで「われわれホテルマンも努力次第ではこの域にまで到達できるような気がして、ほのぼのとした希望がわいてまいります」と励まされるのであった。

コンシェルジュの認知度が低かった日本では……

業界誌「週刊ホテルレストラン」がコンシェルジュの特集を組んだのは、一九九三年八月二十日号においてであった。

その特集記事の一つ「ホテルのコンシェルジュの運用事例」で、大阪のロイヤルホテル（現・リーガロイヤルホテル）が一九八一年（昭和五十六年）十一月からコンシェルジュの名称でスタッフを配置していることにふれ、「比較的早期の導入といえるだろう」と述べている。ただし、「欧米のコンシェルジュの業務と比べると、かなり限定されている」として、ホテル側のコメントを次のように掲載していた。

「日本でのコンシェルジュの認知度はまだまだ低い。欧米では、チップ制度のうえに成り立つ専門職で、日本で同じように能力を発揮させるのは難しい」

今日、日本でもさまざまな業界でコンシェルジュ現象が見られるようになってきたが、その現状と比べると隔世の感があろう。実は前掲『究極のサービス』の訳者の一人でもあり、レ・クレドール・ジャパンの初代会長・多桃子《おおの》が在籍したホテル西洋銀座ではコンシェルジュの名称ではなく、パーソナル・セクレタリーとしていた。

ほかの主要ホテルでも、ゲスト・リレーションズやカスタマー・リレーションズという名称の担当者がコンシェルジュ業務をおこなってきた。このほうが北米系の客には通じやすいといった理由があったようだ。

私たちは外交官であるという誇り

筆者は一九九四年に、前出の多桃子に取材をしたことがある。そのときの話で最も印象に残ったのは、「レ・クレドールは、誇りとプロ意識を持った人々の集団であること、このことこそ、私が共鳴するところです」という言葉だった。職業人として意識を高めてくれる組織だからこそ、レ・クレドールの正会員を目指したというのだ。では、その誇りとは、どこから生まれるものなのか。

「私たちコンシェルジュは、一種の外交官であると認識しています。自分が所属するホテルのために仕事をするという意識よりも、お客さまにとって何が一番快適であるかを常に考えて行動しているからです。ホテルにとって一銭の値打ちにもならないことでも、お客さまのためであれば、率先して行動を起こします。これがコンシェルジュなのですね」

ここで注目すべき言葉は「一種の外交官」である。前述したように、山口正造（第1話を参照）や横山正男（第3話・第5話を参照）、渋沢栄一、犬丸徹三（いずれも第8話を参照）も同様のことを述べている。時代を経ても受け継がれている「外交官意識」。優れたホテリエの共通意識として、また「おもてなしの精神」の底流にあるものとして注視しておきたい。

ところで、多への取材当時、やはりコンシェルジュが主役のアメリカ映画『バラ色の選択』（監督：バリー・ソネンフェルド、一九九三年）が公開されていたが、彼女は「コンシェルジュはチップを前提に動くものという誤った先入観を与えているので、好ましい映画と思えない」と語っていた。先ほど「チップ制度のうえに成り立つ専門職」との表現があったが、チップの多寡、あるいは有無にかかわらず、客の要望に応える職務を全うするのがコンシェルジュの理想の姿であるからだそうだ。前掲『究極のサービス』も、こう記している。

「コンシェルジュはアメニティの一種であると一般の人に認識してもらう必要があり、コンシェルジュ自身そのように考えるべきです。チップや心付けを当てにして仕事をするのは良くないことです」

逆に言えば、チップばかりを目当てにしていたら、コンシェルジュとしての誇りも結束力も生まれなかったにちがいない。レ・クレドールも結成されなかったことだろう。この組織は、客のことを第一に考えたからこそ、生まれるべくして生まれたのだ。

第10話　日本には和服姿の〝天使〟がいた

かつて、日本のホテルの女性スタッフは、堅苦しいイメージを与えがちなホテルの雰囲気を和らげる貴重な役割を果たしていた。彼女たちは和服姿で、外国人・日本人を問わず、客の心を捉えていく。また、和服姿の女性スタッフと言えば、旅館の専売特許である。しかも、旅館の良し悪しを決定づけるほど、ホテルよりも重要な役割を担っていた。彼女たちのおもてなしの技量は、どのようにして高められていったのだろうか。

心を和ませる金銀の折り鶴

特殊な折り方で作られた鶴が全国のホテルの売店や宴席を彩っている——二〇一四年九月八日付の「朝日新聞」夕刊がこう報じていた。

例えば、帝国ホテルの売店は金銀の折り鶴二羽を五百円で販売していて、また、その前年十二月、東南アジア各国首脳と安倍晋三首相の夕食会ではそれをテーブルに置いて、おもてなしに役立てたというのである。

実は、この折り鶴のおもてなしは二〇〇八年の北海道洞爺湖サミットから始まったという。発案者は当時の福田康夫首相の貴代子夫人。各国首脳夫人に手渡したり、装飾にしたりして「折り鶴外交」をおこなった。

その折り鶴が宮城県石巻市の女性たちの手で制作され、貴代子夫人が「営業部長」として各地のホテルに売り込んで、全国に広まったというのだ。

折り紙については昨今、客室に置いて宿泊客をお迎えする道具立ての一つとして見たことがあるが、やはり、これなども先の折り鶴と同様の女性の感性が表現されたものだろう。

では、女性はホテルでどう活躍してきたのだろうか。

六十年近く勤続できた秘訣

前出の帝国ホテルが一九三三年（昭和八年）に初めて女性客室係を募集した際には、多くの応募者が集まり、十五人ほどが入社した。しかし、一年もたたないうちに、一人を残して全員が退職してしまったという。

最後に残った竹谷年子によると、当時は一人の客室係が担当する客に対してすべてにわたってお世話をする形式だった。今日のバトラー（執事の意）のような役割を担っていたようで、そのときの心情をこう回想している。

「しなければならないからする、というのでなく、お客さまとじかに接する中で、どのようにすればお客さまに喜ばれるだろうかと、いつも頭を働かせていました」（竹谷年子『笑顔が幸せを運んでくれる』）

つまり、感性をはたらかせて仕事をしていたという。例えば「あっ、この方はこういうふうに感じていらっしゃるんだな」と客の気持ちを自分の感性で受け止めて、すぐに反応することに努めた。「もしも自分がそうされたらきっとうれしいに違いない。そう思えることをして差し上げたいといつも思っていました」――彼女はこの考え方や感性を持ち続けられたからこそ、六十年近くも帝国ホテルに在籍できたのだろう。

ひるがえって辞めた女性たちは、おそらく、竹谷のように考えることができなかったのかもしれない。実は、これは根源的な問題で、義務感が伴うおもてなしは、もはや、おもてなしとは言えないのだ（このことは改めて後述する）。

入り口には和服姿のグリーターが

帝国ホテルに竹谷が入社してから三年後の一九三六年（昭和十一年）九月、開業を二カ月後に控えた名古屋観光ホテルに約八十人の女性が大挙して入社した。

同ホテルには帝国ホテルから応援部隊が続々と来ていたが、「ホテルにとって非常に大切な役割をはたすウエイトレスは名古屋で採用」した（『名古屋観光ホテル五十年史』）。

正確には、女性従業員はウェートレスと客室係に半々の割合での配属になったが、ホテル側は全員に制服用の和服の反物を配布して、それぞれが自分で縫うなり仕立て屋に頼むなりして開業に間に合わせたという。

そして、入り口にはグリーターと呼ばれる女性の案内係を配置した。堅苦しいと思われるホテルの第一印象を和らげるための方策だった。女性たちの和服姿は「ロビーの紅色絨毯《じゅうたん》とシャンデリアに映えて見る人の目を楽しませずにはおかなかった」（同書）（図10―1）。

また客室係は、客室のドアノブに人の手が握った跡を見かけると、和服のたもとで拭うこともあったという。

ところで、女性従業員が和服を着用するのは、ほかのホテルでも見られたことだった。

帝国ホテルの竹谷は「午前中は紫地に矢羽根の模様の入った木綿の着物、昼過ぎからは市松模様の絹の着物で、年齢に応じて色が異なっていました」と、前掲『笑顔が幸せを運んでくれる』で記している。

「襟元にちょっとおしゃれをして楽しんだものです」とも回想しているが、外国人客はそうした姿を見て、心を和ませたのではないだろうか。

第6話で、都ホテルのウェートレスの和服に締める帯を見て誠意を感じたという外国人の手記にふれたが、このような客はほかにもいたかもしれない。そして、そのような好印象は日本人客の間にも生まれていた。

図10―1　入り口に和服姿の女性案内係を配した名古屋観光ホテルのロビー。レストランでは絣（かすり）の着物に赤たすきの女性従業員がかいがいしく働き、一幅の絵になるような風情だったという。

紫の振り袖姿で蝶のように舞う

日本で最初に食堂車を走らせるなど、サービスに定評があった山陽鉄道（のちに国鉄山陽本線）

が下関に山陽ホテルを開業したのは、一九〇二年（明治三十五年）のことだった。当時、下関は交通の要衝になっていたため、鉄道会社が直営で手がけたものだ（ただし、その四年後、鉄道国有法の公布・施行によって、国有化された）。

その山陽ホテルは食事時にはドレス・コードを設け、男性客には夏でもネクタイを着用させるなど客の服装を規定していたようだが、一九二二年（大正十一年）に火災で焼失して、二年後に再建されたとき地下には市民が気軽に利用できるグリル食堂を設けた。そして、そのグリルを活気づけていたのが「サービス・ガール」だった。

「山口新聞」が一九六四年（昭和三十九年）に連載した「山陽ホテル物語」によると、当初は試験的に三人の女性を採用したのだが、これが評判を呼んだ。紫の振り袖の和服に白エプロンを胸高にかけた姿が「美しく可憐でさえあった」という。

それでサービス・ガールを次第に増やしていった。遅番勤務に就いてもらうようにもなった。制服の色も夏には緑がかった青に替えた。そして、ますます評判が高まると、一階の正式食堂のサービスも任されるようになっていったようである。

一方で、働く女性にとっても、紫の和服の制服は憧れの的になった。連載記事に、ウェートレスの働きぶりを見て入社した女性の声が掲載されている。

「紫の振袖を着た美しい人が、立ち回っている様子がまるでチョウでも舞っているように美しく見え、食堂で働いている人というよりは舞台で舞っているスターのように感じました」

というわけで、女性従業員の募集があると、志望者が相当数にのぼった。応募者が多く集まると、優秀な人材を獲得できる割合が高まることにもなり、サービスの水準も上がっていったのではないだろうか。

もっとも、和服姿の女性は、日本人にとっては少しも珍しいものではなかったはずである。洋装のモダンガール（いわゆるモガ）が登場する一九二〇年代になっても、日本女性の洋装率はわずか一パーセントほどにすぎなかったと言われている。

利用者にとっては、むしろ、先進的な空間であるホテルでの、教育と訓練が施された女性のサービスに新鮮味と温かみを感じて、感銘を受けたということなのかもしれない。

先に引き合いに出した都ホテルでも、一九〇二年（明治三十五年）にはすでに四、五人のウェートレスが働いていて、「ウエートレスは箱根富士屋ホテルが採用していたのにヒントを得たもので、当時の業界では珍しく、大へん好評であった」（前掲『都ホテル１００年史』）という（第6話を参照）。

さて、こうして女性はホテルのサービスに重要な役割を果たすようになったが、和服姿は次第に姿を消していき、今日に至っている。

そんなか、近年、和服姿の女性に活躍してもらおうという動きがあった。二〇〇四年六月、東京のロイヤルパークホテルがゲスト・リレーションズ・オフィサーの女性に和服を着てもらったのである。ホテルが和の文化の濃厚に漂う人形町近くにあることもあり、また外国人客に日本らしさを感じてもらおうと始めたものである。

全国を見渡せば、この例に限らないだろう。そして今後、訪日外客数がますます増えていけば、和服姿の女性スタッフの活躍も当たり前になるかもしれない。

行儀見習いや花嫁修業の場に

ところで、かつて女性が格式高いホテルに勤めるには、ある目的があった。作法を身につけるためだったのだ。奈良ホテル編・発行の『奈良ホテル物語』には、大正から昭和戦前期の女性客室係に関して次の記述がある。

「採用条件も「品行方正にして、〇〇円以上の国税を収めている者を保証人として……」とあったそうで、良家の子女が行儀見習として勤める例が多かったようだ」

この時代、奈良ホテルでは貴賓客の受け入れが多く、その接遇に万全を期すために、客室係には入念な教育を施していたにちがいない。結果、女性客室係にとっては行儀見習いになっていたわけである。

これは、旅館でも同様だった。京都の老舗旅館・柊家の仲居を務めていた田口八重の『おこしやす』にも、こんな記述が見られる。

「柊家の作法というのは、これくらい厳しかったのです。花嫁修業に良家のお嬢さんがおいでになるのも、うなずけることなのです」

初仕事のときのこと。田口は先輩から頰を張られた。何で怒られたのか、まるでわからなかった。理由はこうだ。客にお茶を出したとき、畳の縁をわずかに踏んでいたのである。作法では、畳の縁を踏むのはご法度。先輩はしっかりと細部まで目をやり、厳しく注意したのである。

それ以降、田口は、下を見ずに間違いなくお茶を出せるよう、体が覚えるまで練習を繰り返した。

こうすることで、畳の縁を踏まなくなったという。一九三七年（昭和十二年）に二十八歳で仲居になり、その後、多くの著名人を接遇した田口の忘れえぬ思い出である。

最初の受け答えでわかる良し悪し

女性が和服姿でかいがいしく働く——これは旅館の専売特許である。だから、旅館の仲居は、ホテルの女性客室係よりもさらに重要な役割を担っていると言ってもいいかもしれない。前出の中村美佐雄の『旅館研究』に、次の一文がある。

「先ず旅館に泊って、一番最初に目につくのは何んであるかと言えば、女中の善し悪し如何《いかん》である。旅館の設備、感じの善し悪しは第二の問題であって、（略）女中から受けた感じは、軈《やが》ては旅館の善悪にまで、影響するのである」

たった一人の女中の印象が旅館のレベルを決定づけてしまうというのだ。だから、女中の教育・訓練が非常に重要だと説いている。

さらに、『行届いた旅館と不行届の旅館の一昼夜』という本も同じことを論じている。著者は高橋保實。高橋は、同書を発行した神田屋商店から『旅館之研究』（発行年は不明）も刊行していて、前出の中村美佐雄と同様、旅館の専門家と思しき人物だ。

同書は、前半に不行き届きの旅館を、後半に行き届いた旅館を体験談風に記している。両方とも同じような筋立てになっていて、対比して読めるように工夫されている。例えば、それぞれの冒頭はこんな具合だ。

まず、不行き届きの旅館の場合。

「女中「コレハ、いらっしゃいまし、お泊りで御座いますか」

お泊りかお泊りでないか様子を見れば、玄関の上り口に鞄《かばん》を置き、手には膝掛を持って居るので、大凡《おおよそ》はお泊り客と悟ってよさそうなもの」

このように著者は察しの悪さを指摘する。

行き届いた旅館の応対はこうだ。

「番頭「入《い》らっしゃいまし、お一人様でいらっしゃいますか」

一人ということは判って居ても「お一人様でいらっしゃいますか」という事は「お泊りで御座いますか」という意味で、なかなか老練な言葉である」

食事中の雑談ではこんな会話が。

「お客「○○○は大変好い所だそうだが、君は行ったことがあるかね」

女中「私は此館《ここ》へ参りましてからはどこへも出た事がありません……ですから知りませんわ」」

これは不行き届きの旅館の場合。行き届いた旅館はこうだ。

「お客「○○○と云うのは此館から遠いかネ」

女中「ハイ一寸《ちょっと》一里半ばかりございますが、只今は自動車が参りますから、往復二三時間もありますれば、楽に御見物が出来ます、それに道もよろしうございますから」」

お客の知りたいことを先回りして情報を提供している。

同書は、このようにわかりやすく読み物風につづられている。業界人の副読本として読まれたのではないだろうか。

旅館の女中に不満を抱いていた谷崎潤一郎

ただし、谷崎潤一郎の「旅のいろいろ」(「文藝春秋」一九三五年七月号)を読むと、周辺の情報をつぶさに調べていた女中は実際どれほどいただろうか、という疑問が生じてくる。谷崎はこう記すのだ。

「汽車汽船の連絡の都合とか、遊覧の道順とか、その他土地案内について質問しても、ハキハキと答えられる女中が一人もいない。何を尋ねても、「私では分りませんから番頭さんに聞いて参ります」と云う」

それほど難しいことを聞いているわけではないのに、すらすらと答えてくれたためしがないという。

その理由について、谷崎は「女は元来地理や歴史の興味に疎く、自分の生れた土地についても特に教えて貰わない限りは進んで知ろうともしないのだろう。それともう一つは、宿の女中には案外渡り者が多くて土地の人間が少いと云う証拠でもあろう」と、今日ならば女性差別と受け取られかねないような言葉で批判している。

加えて、教育を施さないのは接客業者としては失格だろうと言いたげでもある。

「口で教えただけでは駄目であるから、時には遠足会などを催して、まず彼女たちに附近の名所古蹟を見せ、慰労を兼ねた実物教育を施すようにする」と、具体的な提案をしている。

情報通のコンシェルジュのような女中

女中の役割が重要であることはわかったが、では、具体的にはどのようなことに気をつけて接遇に当たるべきなのか。やはり手元にある『サービス読本（旅館女中用）』から読み解いてみよう。これは、名古屋鉄道局金沢運輸事務所が編纂して、北陸温泉協会が一九三五年（昭和十年）に発行したものである。同書は百ページに満たないものだが、おもてなしの向上を目指すうえで、示唆に富む内容になっている。

例えば、図10―2に掲げたように、写真入りでいろいろな所作を解説したページがある。ここに掲げた写真は膝行《しっこう》を紹介したもので、部屋に入る際の所作を教えている。

では、なぜ、膝をついたまま前に進み出るという、おそらく、世界で類を見ないこのような所作をとるのか。その理由を、目線を客よりも低くするため、と述べたのは細井勝『加賀屋の流儀』である。

石川県和倉温泉の加賀屋では膝行を「にじり膝」と呼んだが、かつて女将を務めた小田孝《たか》はこれがもとで、晩年は車椅子に頼るようになったという。体が不具合になるまで、おもてなしに努めたわけである。

さて、前掲『サービス読本（旅館女中用）』では、所作の解説のほかに「常識の涵養《かんよう》」という項目もあり、付近の名所旧跡や特産物、行事についての知識を養うように忠告している。前掲『行届いた旅館と不行届の旅館の一昼夜』や谷崎の著述でも同様の意見が挙がっていたが、ここでは「〔名所旧跡は：引用者注〕公休日などを利用して自分で出かけて行って見て来る様にして下さい」と、一歩踏み込んで述べている。

また、特産品などについても「お手土産になる様な物は、価格・品質・持ちの程度など、これは是非知って置く必要があります」と教える。まさにホテルのコンシェルジュのような働きも望まれ

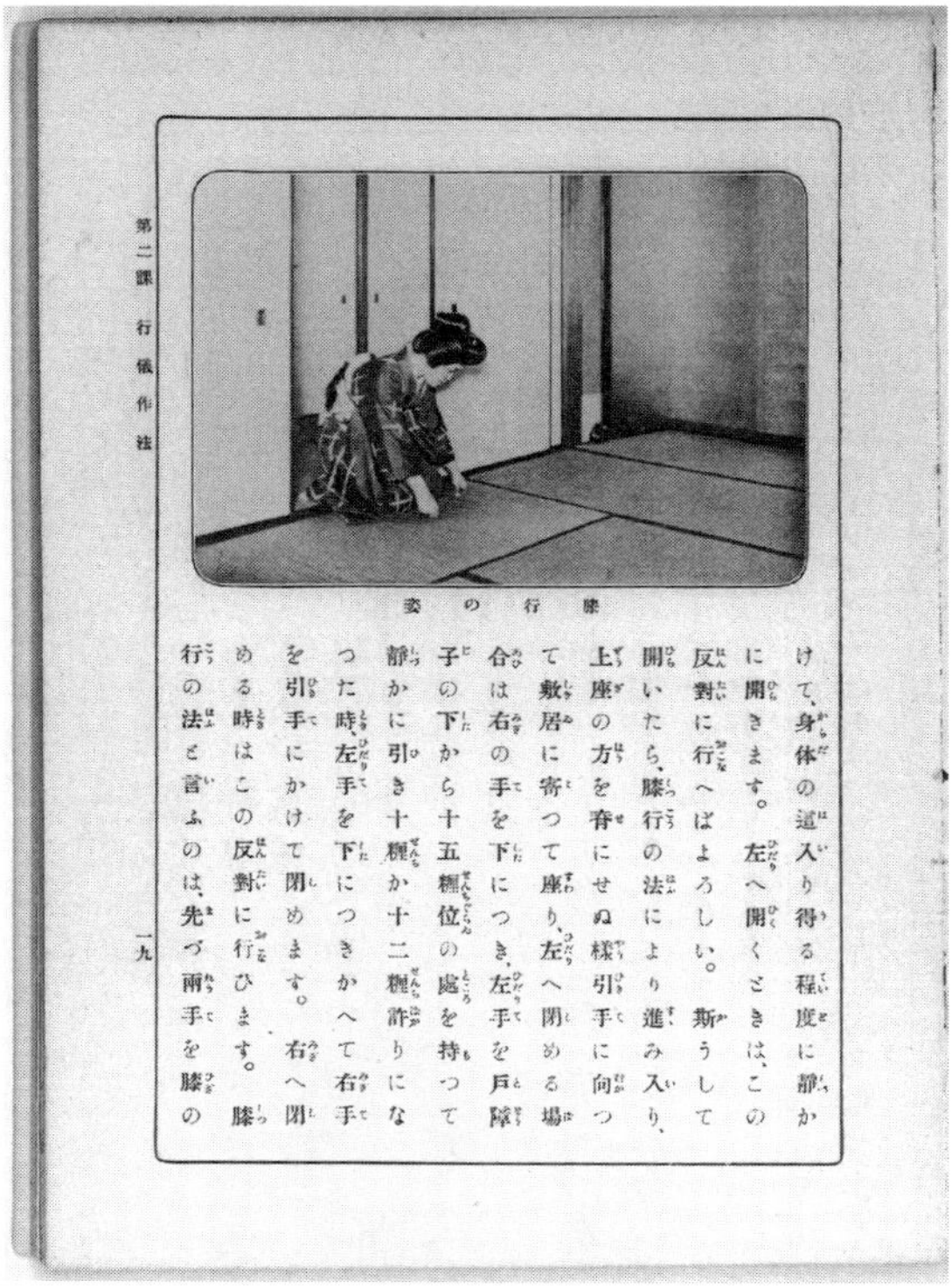
第二課 行儀作法

膝行の姿

けて、身体《からだ》の這入《はい》り得《う》る程度《ていど》に静《しづ》かに開《ひら》きます。左《ひだり》へ開《ひら》くときは、この反對《はんたい》に行《おこな》へばよろしい。斯《か》うして開《ひら》いたら、膝行《しつかう》の法《はふ》により進《すゝ》み入《い》り、上座の方《はう》を脊《せ》にせぬ様《やう》引手《ひきて》に向《むか》つて敷居《しきゐ》に寄《よ》つて座《すわ》り、左《ひだり》へ閉《し》める場《ば》合《あひ》は右《みぎ》の手《て》を下《した》につき、左手《ひだりて》を戸《と》障子《じ》の下《した》から十五糎位の處《ところ》を持《も》つて静《しづ》かに引《ひ》き十糎か十二糎許《ばか》りになつた時《とき》、左手《ひだりて》を下《した》につきかへて右手《みぎて》を引手《ひきて》にかけて閉《し》めます。右《みぎ》へ閉《し》める時《とき》はこの反對《はんたい》に行《おこな》ひます。膝《しつ》行《かう》の法《はふ》と言《い》ふのは、先《ま》づ兩手《りやうて》を膝《ひざ》の

一九

図10―2　名古屋鉄道局金沢運輸事務所編『サービス読本（旅館女中用）』（北陸温泉協会、1935年）に掲載された膝行の作法。「先ず両手を膝の前につき、左右同時に前に進め、然る後膝を左右と片々づつ進めるのです」と説明している。行儀作法は全般に「堅からず、馴れ過ぎざる程度」が望ましいと述べていた。

ていたのだ。

今日に通じるものと言えば、客の名前をできるだけ覚えるようにしなさい、とも教えている。「ある旅館の女中さんで、一年位前にお出でになった御客様の御名前から月日まで記憶しているのがありました」という例を引き合いに出して、誰にでもできることではないと認めながらも、そのように努める心がけが必要なのだという。名前で呼ばれた客は一度で、その旅館、その女中に親しみを感じるようになるからだ、と説いている。

著者の目配りは広い。客に同行するお付きの人や自動車の運転手がいれば、主客と同様、あるいはそれ以上に「一層心して御待遇しなさい」と忠告する。なぜならば、「之は旅館経営上の秘訣とも言うべきで、人気や評判は、この辺りから良くも悪くもなるものである」からだ。

心構えの根本を説く一文も「精神の修養」という形で掲載されている。

著者は「女事務員の仕事が尊いもので、女中さんの仕事が甚だ卑しいものであるかに思っている方も、少なくないと存じますが、之は大変な考え違いです」と戒める。

そして、職務の神聖さにおいては少しも変わりがないこと、いまの仕事が天から授かったこととして努力できるかどうかで尊卑の区別がつくのだ、と教えている。

「自分の境涯を、むやみに不幸がっている人を見受けます。そんな人に限って、自分の仕事を天職とは考えず、精進しない人です」

旅館の女中を天職と考えれば精進でき、希望も光明も見いだすことができるというのである。この考え方は、前にふれた帝国ホテルの竹谷の考え方と相通じるものがあるような気がする。つまり、おもてなしの源は、雑念を振り払い、目の前の仕事に集中することから始まるのである。竹谷は、自分の境遇よりも、まずは客へ目を向けることができたから、不安定な初期を乗り越えられたのだ。

第11話　自然を心から賛美する

まさに自然のなかに埋もれたような不便な場所に、隠れ家的なリゾートホテルがある。人々は好んでそうしたホテルにわざわざ足を運ぶものだが、その裏には、おもてなしのために自然を守ろうとするホテリエの努力があった。

自然に埋もれた静寂感

二〇一四年末、東京に話題の外資系ホテルが開業した。アマン東京である。独特の雰囲気を漂わせるリゾートとして、「アマンジャンキー」という言葉が生まれるほど熱狂的なファンを増やしてきたアマンが、初めての都市立地のホテルでどのような評価を得るか、大いに注目されるところだろう。

そのアマンは、リゾートを開発する際、かなり厳しい目をもって立地選定をおこなっていた。これは以前に聞いた話だが、創業者のエイドリアン・ゼッカがヘリコプターに乗って自ら候補地を物色し、慎重に選び抜いていたという。ジェットセッターと呼ばれ、超多忙な日々を送る顧客に、存分に自然に浸っていただこう――その話からは、彼ならではの「おもてなしの精神」が感じられたものだった。

一九九三年、筆者が初めてアマン・リゾート（一九八九年に開業したバリ島のアマンダリ）を訪れたとき、実際に自然を通したおもてなしを感じた。渓谷の緑以外何も見えない、自然に埋もれた静寂の世界に感銘を覚えた。

だが、灯台下暗しである。自然が最良のご馳走とも言うべきリゾートホテルがその一九九三年以前に日本に存在していたことを、遅まきながら、最近になって知ることになった。

「読書するためのホテル」とは

二〇一四年十一月、長野県の「野尻湖ホテル エルボスコ」を利用する機会があった。このホテルは、一九八四年（昭和五十九年）に野尻湖プリンスホテルとして開業、二〇〇八年に改装され、アゴーラ・ホスピタリティーズの運営で生まれ変わったものである。

野尻湖はあまり俗化されておらず、ホテル周辺も自然がたっぷり残っていて、こちらも先のアマンダリのように自然のなかに埋もれていた。大きく開かれた客室のピクチャー・ウインドーから見る湖面の景色もすばらしく、夜は電球の灯一つ見えないほど何もないところである。

建物も自然環境に適合した形で設計されていた。低層階の客室棟が、松が崎という岬の中腹の等高線に沿って建てられていた。樹木に覆われ、対岸からはその存在がわからないような形になっているのである。設計者は住宅建築で名を残した清家《せいけ》清。名建築と言ってもいい出来栄えだ。

実際、清家自身も自然環境には細心の注意を払ったようで、次のように記している。

「工事にあたっては自然環境の保全保護に努力、その地形変更や樹木の伐採を極力避けたので、工事用作業場は都心に建つビルなみの段取りになった」（清家清「野尻湖プリンスホテル」「新建築」一九八五年二月号）

この努力が、アゴーラによって再生された後も生きている。アゴーラはこの、自然以外何もないリゾートホテルのコンセプトを「読書するためのホテル」と巧みに表現（ロビーの一画にライブラリーがしつらえてあった）、料理についても「シナノストロノミー」（当時）という造語で独創性と地産地消を打ち出して、地域重視の姿勢を見せている点に好感が持てた。

国際村が長続きする秘密

このホテルのコンセプトは、リゾートとしての野尻湖の歴史と伝統を大切に守った結果と言えるのではないだろうか。

近代の野尻湖の歴史は、国際村、かつては通称「外人村」と呼ばれた別荘村の開発から始まった。軽井沢が繁栄したため、静けさを求めた外国人宣教師が探索して野尻湖を〝発見〟し、一九二一年（大正十年）に新たな別荘村を築いたのだ。では、国際村とは、どのようなものだったのだろう。

一九四〇年（昭和十五年）に野尻湖を訪ね、写真集『野尻湖』を上梓した林謙一によると、国際村の住人は「その殆ど全部が日本内外地を始め、上海香港から日本の夏を楽しみに来る新教（プロテスタント）宣教師とその妻子、百三十家族約六百人の人々である」。その写真集には、教会で説教を受けている日本人たち数十人の姿も写し出されている。その多くは「日本人女中」で、彼女たちは日本語に流暢な牧師から教えを受けているとの説明書きがある。女中たちは国際村で宣教師とその家族の面倒を見ていたということだ。また、国際村のなかには、日本人が経営する食料品店とパン屋が一軒ずつあり、後者の写真が掲載されている。日本人は国際村とこのような関係で結ばれていたわけだ。

一方、別荘村開発に呼応するように、長野県が県営で野尻湖ホテルを国際村のほぼ対岸に建設する（運営は長野市の犀北館で、二十年後に払い下げる計画とした）。開業は一九三七年（昭和十二年）。茅葺《かやぶ》き屋根で、ヨーロッパ風の民家を思わせる造りに特色があった。これも自然を重んじ、景観を意識しての設計となったものだろう。当時のパンフレットには「四囲の風光に調和させた瀟洒なスイス・コッテイジ風の中間建物で、誰にも親しまれるホテルです」と記されていた（図11―1）。ただし、客室は二十室が和室で、洋室は一室だけ。ハイカーズベッド（ハイキングを楽しむ旅行者用）を二十台備えていて、玄関で靴を脱ぐので、どちらかと言えば、旅館のような営業形態になっていたようだ。

ところで、この野尻湖ホテルは姿を消してしまったが、先の国際村は、質素な木造別荘が立ち並び、いまだに健在だ。長年運営できている理由が、会員の言葉でこう語られている。

「ひとことであらわしますと、スチュワードシップ（stewardship）です」（荒川久治『野尻湖国際村物語』）。

図11－1　信州出身の十代田（そしろだ）三郎が設計した野尻湖ホテル。写真は長野県が発行したパンフレットから。「エトランゼ達は日本のレーマン湖として此処の景色を愛しています」と説明。レーマン湖とはスイスのレマン湖。

会員の「一人ひとりが村の経営者、管理者になったつもりで、自主的に協力奉仕をするということであり、その精神生活をおくることが、村全体を理想的に運営していくことができるのだという思想・哲学をあらわしているのである」という。

会員一人ひとりが自然を守るリゾートホテルの経営者のような気持ちで利用してきたからこそ、長続きしてきたということなのである。

孤立した場所そのものが魅力

リゾートホテルは、ある種の矛盾を抱えて経営していかなくてはならない宿命にある。つまり、自然を保ちながらどう開発し、滞在客に快適性をどのように提供するか、である。

富士五湖の一つ、精進湖に精進ホテルが開業したのは明治時代の半ばだった。創業者は星野芳春ことハリー・ホイットウォーズ。箱根でホ

図11―2　富士山を望む精進ホテル。「都会人士の想像だにも及ばざる理想郷」「三面急峻の山脈に包まれ、南方青木ヶ原の樹海に接し、霊峰富士を指呼の間に眺め、朝夕変る其姿こそは唯ただ「絶景かな」」などとパンフレットで説明。

テル開化亭を経営した後、一八九四年（明治二十七年）に精進湖に移り住み、新たなホテルを建てた（図11―2）。

それから十数年ほどが経過した頃、そのホテルに写真家のハーバート・ポンティングが宿泊客としてやってきて、こんなことを書き残している。

「精進湖畔に建てられた小さなホテルは、確かに鉄道から離れすぎているという難点はあるが、この楽しい隠れ家を見つけた人々にとっては、そこが孤立した場所だということ自体が、その主たる魅力の一つになっているのである」（前掲『英国特派員の明治紀行』）

不便な場所にあるにもかかわらず、いや、それだからこそ、自然が豊かで、わざわざ出かけることに価値があるリゾートホテルだと褒めているのである。

そんなホテルだから、星野（ホイットウォーズ）も客が落胆しないように自然保護に努めた。

ポンティングはこのホテルを何度か利用したようで、その間に星野との親交を深め、星野の人となり、そして功績を次のように表現している。

「彼は楽しい話を愛すると同じように、自然を深く愛し、また同じように不正な行為を深く憎んでいた」

「彼は風致を保存するために、一貫して戦い続けてきた。美しい富士山麓の湖に、言い表せないような魅力を添えている森林が、全く伐採されずに残ったことは、偏《ひとえ》に彼の努力の結果である」

あるとき、ダイナマイトを爆発させて、その衝撃で精進湖の魚を獲ろうとした一味がいた。それを知った星野は、果敢にも一人で立ち向かい、相手の船に乗り移って侵入者たちを殴りつけ、密漁の道具を取り上げてしまったという。自然を愛する気持ちが星野を突き動かしたのだ。

また、ポンティングが星野の案内でハイキングに出かけたときのこと。突然目の前に現れた富士山のすばらしい光景に目を奪われた。だが、ポンティングの観察眼は冷静にも、星野へと注がれた。

「彼は嬉しそうに満面に笑みを湛えていた。彼は自然を心から賛美していたので、自分がこの上なく愛しているこの風景を、ほかの人が眺めて感動する様子を見るのが最大の楽しみだったのである」

自然を心から賛美する——星野の「おもてなしの精神」は、この考えが出発点だったのだ。これに倣えば、リゾートホテルの「おもてなしの精神」は、これが原点になるべきだろう。

第12話　厨房という小宇宙の内と外で

料理人の仕事は料理を作るだけではない、と考えた料理人がいた。また、厨房のあり方を工夫すべきだ、と考えた料理人や設計者も現れた。こうした人々が行動を起こすことで、おもてなしの質も向上していった。

「料理人はお客さまと親密になれ」

帝国ホテルの総料理長を務めた村上信夫と志摩観光ホテル料理長・高橋忠之の対談をまとめた『料理長』に、村上のこんな発言があった。

「これからのコックは、お客さまのところへ行って、どんどん話をうかがったり、こちらからもいろいろ説明するとか、そういうようにして、お客さまと親密にならなければならないんじゃないかと思うで《（ママ）》すね。で、自分の心がお客さまに通じるくらいサービスしなきゃいけないですね」

料理人たるもの、厨房内にとどまって、料理をひたすら作っていればいい時代は過ぎ去ったというのだ。

「おもてなしの精神」を考えるうえで重要な指摘だが、これに関連して言えば、辻静雄が『フランス料理を築いた人びと』で、次のように記している。

「とどのつまりサーヴィスの現場につくことが、料理を勉強する上で、最良の効果を上げるものと信じて疑わない」

辻は当時、ホテルが料理人志望の若者にサービスを担当させているという動きを知った。それを評価して、こう述べたのである。メニューを見た客がどのように料理を選んでいるのか、料理人が自信を持って薦める料理がどの程度売れるものなのか、何にいちばん満足してくださるのか、こういったことは、直接客にふれることでわかるものだからである。「料理を作りっぱなしでは料理人になる資格はないのである」とまで言い切っている。

さて、こうした発言から思い出すのが、横浜のホテルニューグランドの料理長を務めたサリー・ワイルである。彼は戦前の日本のホテルに、料理人のおもてなしという新風を吹き込んだ人物だった。

利用者の満足度を高めたワイルの革命

一九二七年（昭和二年）に開業したホテルニューグランドの厨房を預かったスイス生まれのワイルは、常務の土井慶吉に進言して、二階の大食堂のほか、一階にグリル・ルームを開設して軽食を提供するようにした（図12―1）。

なぜ、そのようにしたのか。同ホテル発行の『ホテル・ニューグランド50年史』によると、当時のホテルは定食（コース料理）を提供するだけで、堅苦しさがあった。一方、ワイルは、パリの下町やスイスのリゾートなどでは堅苦しさを排除したホテルが出現しているのを知っていて、客のためにもっと気軽な形で食事を提供できる施設を設けるべきだと考え、グリルを開くように言ったという。そして、グリルのメニューには一品料理を数多く用意し、好き勝手に注文できるようにした（服装も、極端に言えば、コートを着たまま席に着いていてもいいようにした）。

　このような、いままでは当たり前の、多くの料理から自由に選べる形式は好評を博した。これを見習うホテルが続出したという。

図12—1　ホテル業界に新しい風を吹き込んだグリル、そして酒場を紹介したホテルニューグランドのパンフレット。「一階南端には山下公園に面したグリルルームが御座います。北欧の粗野にして渋味ある雰囲気を漂わした此の食堂で各自御好みの御注文料理を何時でも時間に制限なく召上られます」と説明している。

まさに客本位の料飲施設と言えそうだが、そればかりかワイルは客席ホールまで出ていって、「料理の味はどうですか」「何か注文はないですか」と聞いて回り、話し相手がほしい客には愛想よく応対した。

のちにホテルオークラの総料理長を務める小野正吉が、ワイルの働きぶりをこう証言する。

「ワイルさんはね、横浜のホテルと銀座のニューグランドを往復していたんだけどさ、なにしろ忙しいひとでね。あの時分、料理人は調理場にひっこんでて客の前に出るもんじゃなかったけど、黒ズボンをはいてね、耳に鉛筆はさんじゃって、で、サーッと客のところに行って自分でオーダーとってきちゃって。そういうことをね。あのひとがはじめてやったわけ。黒ズボンってのも最初にもち込んだんじゃないかな」（岩崎信也『ホテル料理長列伝』）

なお、銀座のニューグランドとは、同ホテルが一九三四年（昭和九年）に出店したレストラン・東京ニューグランドのこと。小野はここに十九歳から二十五歳まで勤めていた。ちなみに、手元にある同店のメニューを見ると、中央上部に「A LA CARTE」と記され、前菜からチーズ、デザートまで数多く用意されていて、利用者が自由に組み合わせて食事を楽しんだことが想像される。また「コック長は此のメニュ以外の如何《いか》なる料理にても御用命に応じます」とも記されていた。

ワイルは、このようにして客の反応や従業員の接客態度を見ていた。彼はよく「どんなにおいしい料理ができても、お客さまに持っていく従業員の態度でお客さまの印象は変わる」（前掲『ホテル・ニューグランド50年史』）と言っていたという。当時、このような考え方を持った料理人はどれほどいただろうか。

ともかく、革新的な考え方を持つワイルのもとでは多くの優れた料理人が育ち、一大流派を築いていった。

厨房の環境を快適にすると……

精魂込めておいしい料理を作る——料理人のおもてなしの精神は、これがすべてではないことをワイルは教えてくれたわけだが、もう一つ視点を変えて、厨房のあり方もまた、おもてなしの精神に影響を及ぼすことがあると気づいた料理人がいた。冒頭で村上と高橋の対談にふれたが、高橋がその人である。

高橋は、天井の高さが約五メートルもあり、周囲をガラス張りにした厨房の改装案を志摩観光ホテルの経営陣に提案して、実行した。その理由をこう語っている。

「天井を高くし、調理場から外の景色が見えるようにしたのは、その方が圧迫感がなく、視覚的に楽で、気持ちが落ち着き、非常に快適で気分よく働けるからです。このことは、実は、料理の味にももの凄く影響があるんです」(辻和成『高橋忠之「料理長自己流」』)

高橋になぜ、このような発想が生まれたのか。彼は、この厨房の改革案を提案する前に、東京のパレスホテルで一カ月半、箱根の富士屋ホテルで一週間、研修を受けている。パレスホテルについては「ご常連のお客様の要望にも即座に対応できる顧客情報管理の体制とメニュー構成も持っていました。これにはショックを受けました」と語っている。

ただし、同書では、富士屋ホテルについては言及していない。筆者が想像するに、高橋が考えた開放的な厨房設計は、富士屋ホテルの厨房からも大きなヒントを得たのではないだろうか。

富士屋ホテルの厨房については、拙著『ホテル博物誌』でもふれているのでここでは簡単に記すが、同ホテルの経営者・山口正造が一九二〇年（大正九年）に画期的で、料理人が働きやすく開放的な厨房を作り上げていた。料理を重んじるがゆえの大英断だった。『ホテル博物誌』で引用した文とは異なる記述をここでは紹介しよう。旅行雑誌の記者であるH・A・フィリップスがこう記している。

「全く床から二〇呎《フィート》以上もあろうかと思われる屋根は硝子の引窓になって居て、通風も採光もよい。食堂の衛生設備は殆ど完全だ、不思議に無駄がない。サーヴィスの仕方も、科学的に行きとどいたアメリカ一流のホテルと比べて何等の遜色もなかった」（H・A・フィリップス「旅は先ず食べて寝て」、前掲『外人の見た日本の横顔』所収）

厨房軽視に警鐘を鳴らした設計の専門家

一九三三年（昭和八年）に出版された『高等建築学』第十五巻のホテル篇のなかにも、こんな一文がある。

「日本の料理屋の様に台所は汚く見るべきものでないという感を打破して、客に見られてもよい様な硝子窓の中で仕事をしている気持で料理人が仕事をする様でなければならない」

このホテル篇を執筆したのは高橋豊太郎という人物だが、どのような経歴の持ち主かはわからない。まるで富士屋ホテルの厨房を見てきたかのような筆致だが、このような観点で厨房の重要性を記した点は大いに評価すべきだろう。

しかし、このような考え方を持っていた業界人は、かつては少数派だったかもしれない。一九四九年（昭和二十四年）に発行された『ホテルの厨房』では、「ホテルの厨房は、能率、衛生および経済の三基本原則を有効に活かす最新設備を施したものでなくてはならない。この事なくして、如何にクックのみが腕達者であっても、良い料理は生れて来ないのである」と、上質の料理と厨房の重要な関係性について言及している。そして、「米国一流ホテルでは、建築総工費の一〇～一三％を厨房設備に計上している。しかるに我国では四～六％程度しか計上しないのが一般的で、前者に比較して誠に寒心に堪えないのである」と述べている。

またホテルの経営書や建築関係書は相当数出版されてきたものの、厨房の関係書はあまり見られないことも書かれている。

敗戦から四年。これからホテルが数多く開発されるであろう時代に向けて、著者たちは厨房軽視の傾向を嘆き、警鐘を鳴らしているのだ。ちなみに著者の桜井省吾は大成建設の技師長、安藤勝弥は厨房設計業者である。

さらに同書では、アメリカのホテルの事例として、ウェーターの歩行距離に関する報告についてふれ、あるホテルの厨房が工夫して設計されていたら、ウェーターの食堂と厨房間の歩行距離は一日当たり九キロから七・五キロに短縮できただろう、という例を挙げている。

同書は、作業効率を上げるためにも厨房設計を工夫せよと述べているわけだが、この件は、それが結果的にサービス向上につながることを示唆している。そして、このことは今日でも通用する論理になっている。

例えば、東京のロイヤルパークホテルでは、経済産業省が中心になって二〇〇七年に設立したサービス産業生産性協議会の活動に参加して、整理・整頓・清潔・清掃・躾《しつけ》（習慣化）の「5S運動」で厨房内を改革した。その結果、同ホテル前会長の中村裕《ゆたか》は「料理長の行動に余裕が生まれ、ホールに出てお客様にご挨拶できる時間が取れるようになった」こと、そして「サービスの担当者も快適な環境の中でサービスに専念することができ、余裕をもってお客様に接することができるようになった」ことなどの改善点を述べている（中村裕／富田昭次『理想のホテルを追い求めて』）。

厨房の改善がおもてなしの質を向上させた好例と言えるだろう。

第13話　約束事を理解してもらうために

ホテルや外航客船といった施設や交通機関が新しい文化になって浸透する近代では、新しいサービスが数多く登場した。そのため、後述するように、不慣れな利用客との間で起きる行き違いや誤解を防ぐため、約束事を理解してもらうことが必要になった。ホテルや客船は栞や小冊子を発行して利用客の理解を求めた。

着席順位の札から始まったエチケット

エチケットという言葉がある。言うまでもなく、礼儀作法を意味するフランス語だが、元来は、宮廷や公式の場で、着席順位の札を客人が身に付けたことから始まったという（なお、エチケットの言葉そのものは札を意味し、ワインのラベルをエチケットと呼ぶのもそこからきている）。

客人を宴席でもてなす場合、席次は重要な事柄である。エドモンド・ネランク／ジャン＝ピエール・プーランが『よくわかるフランス料理の歴史』で述べている十八世紀の「宮廷の饗宴」の項に、こんな一文がある。

「食事の最中の心地良さや精神的な楽しみは、会食者の席順にかかっているのだ」
「食事の成功は、会食者選び、その組み合わせ、そして食卓を囲む席順に関わってくるのである」

著者たちはかつての論客の文献を読み解いて、繰り返しこう指摘する。

そして、この席順を記した札の役割が次第に拡大して、儀式の取り決めが記されるようになったという。十七世紀から十八世紀にかけて、ルイ十四世の時代の頃で、こうした歴史によってエチケット＝礼儀作法という意味になったのだろう。

では、なぜ、ここでエチケットの歴史を改めてひもといたのか。実は、日本人にとって新しい文化であるホテル（洋上のホテルたる客船を含めて）でのおもてなしは、エチケットという一つの規則のうえに成り立っていると捉えてもいいのではないかと考えたからだ。

というのも、ホテルには一定の決まり事があり、行き違いや誤解を防ぐためにも栞などを作ってサービスの内容を明らかにして、これを利用者に理解してもらおうと努めてきた歴史がある。もてなす側ともてなされる側、お互いがルールを理解することが接遇の前提になるわけである。

では、ホテル側、あるいは洋上のホテルたる客船は、どのようなことについて注意を促して運営してきたのだろうか。ここでは、「帝国ホテルの栞」や「新大阪ホテルの栞」「丸ノ内ホテル御案内」、日本郵船の「船内御注意 外国航路で旅をなさる方々に」などをもとに見てみよう。

ユニークな「あなた様は只今どちら？」カード

ここで参考にした「帝国ホテルの栞」（英文併記）はライト館時代のもの。発行年は明記されていないが、「御宿泊中のホテルは皆様しばしの御家庭で御座います、そして私共は此の家庭気分を皆様が御喜び下さる事を期待致します」という一文とともに、「支配人 犬丸徹三」の名が記されている。

さて、最初は「御注意」があり、その冒頭で、現金や貴重品の紛失については責任を負いかねるので、ホテルの金庫に預けてほしいと述べている。利用者の立場で見ると、大金や貴重品を持ち込んだときに、これほど安心なことはないだろう。

この「御注意」は全部で十一項目あり、なかにはこんな項目がある（読みやすくするために、ここでは現代風に適宜書き改めて、読点を加えている）。

「ホテルはお客様のご注意を歓迎いたします。使用人に注意が行き届かないところがございますれば、どうか直ちに事務所へご報告ください。あるいは、お部屋に備え付けの投書紙にお書き止めのうえ、お知らせ願います」

何か不満な点があれば、文句を言う方法があるのだと知ることになる。これは、一つの安心につながっていたのではないだろうか。

次に「サービス」である。目についたものを書き出してみよう。

この項の最初の見出しは「あなた様は只今どちら?」となっている。どういうことか。

「お客様がお部屋にいらっしゃらない場合には、お尋ねしやすいように、何とぞ机の上の“Where are you?”と書かれたカードに行き先を明記して、玄関事務所へお届けください。外出のときばかりでなく、ホテル内にいらっしゃるときでも、同様にお願いいたします」

外部からの問い合わせがあったとき、即座に連絡がとれるように配慮したサービスなのだろうか。今日では見られないものだが、都市ホテルだけに、商用客が多いと見込んでのことなのかもしれない。

次に保険についての説明がある。

「荷物の火災保険は会計係まで申し込んでくだされば、最低料金でかけられます。ご出発後のお荷物は一日一個十銭でお預かりいたします。このお預かりものには火災保険を会計係でご契約くださることが相互の利益と存じます」

外国から貴重な、あるいは珍しい商品を持ち込む人も多くいたのかもしれない。そんなことに思いが至るサービスだ。

英文速記（ステノグラフ）の項目もある。「英文の書簡またはコピーは、素養ある英国婦人がホテルに常住しております」と案内している。英文では「Public stenographer's office is located on the mezzanine floor opposite the tearoom」となっていて、当時はこのような要望があったのだろうと想像される。

チェンバー・メイドと部屋女中

一九三五年（昭和十年）に開業した「新大阪ホテルの栞」（帝国ホテルと同様に英文併記）は、ホテルを初めて利用する人を対象に解説しているが、ホテル開発にあたっては帝国ホテルが関与しているためか、「帝国ホテルの栞」と同様の個所が見られる。新たに書き加えられたものを見ていこう。

一泊の客室使用時間については、午前中に到着の場合は翌日の同時刻まで滞在でき、午後到着の場合は翌日の正午まで使用できると定めている。

「ページボーイ（館内御用係）」の説明も加えられている。

「ページボーイはお客様が到着したとき、部屋番号を記入したカードを持って、お部屋までご案内いたします。そのときに、部屋の内部の設備その他について詳しくご説明するよう訓練していますが、もしおわかりにくいような個所がありましたら、そのときお尋ね願います」

その次に説明されているのは「チェンバー・メイド（女子客室係）」。

「朝七時から夜分は十二時までご用を承ることになっております。なお、ご用を承りにお部屋に参りますときは入り口の扉を開け放してそのまま中に入るよう訓練してありますから、あらかじめご承知おきを願います」

同じ役割の従業員について、丸ノ内ホテルは「部屋女中」と表現している（図13―1）。同ホテルは一九二四年（大正十三年）に純然たるホテル形式で開業したが、商用客など中流階級を客層としていたからだろう、旅館を思わせるようななじみがある言葉でわかりやすく説明していて、こちらも夜十二時までのサービスとしている。

なお、女性の客室係が入り口の扉を開け放したままにしておくことについて、田辺英蔵の『海軍式サービス業発想』に、こんな逸話が披露されている。

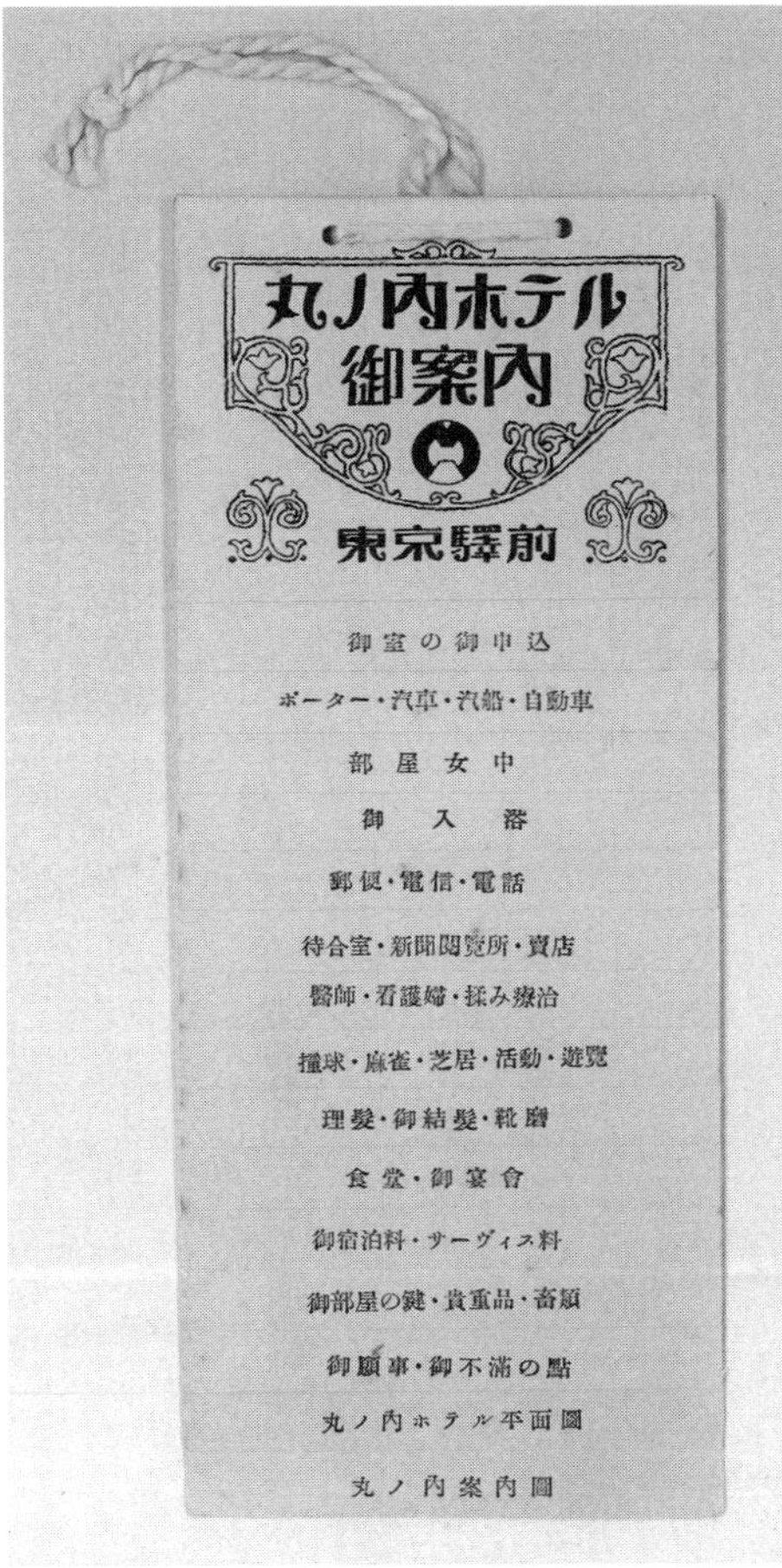

図13―１　「丸ノ内ホテル御案内」。上から３番目に「部屋女中」の説明がある。宿泊客にはわかりやすく、使いやすい形態になっていた。

戦後、新田善三郎（第9話を参照）が東京・新橋の第一ホテルに勤務していたとき、ある常連客がなじみの客としての親切さも手伝って、新米の女性客室係をこう叱ったという。

「人の部屋に入ってきたら、ドアぐらいきちんと閉めなさい！」

彼女はお茶を持ってその客の部屋に入ったとき、ホテルから教えられたとおり、背後のドアを開け放しにしていたのだが、年配の常連客は「近頃の若い娘は躾《しつけ》がなっとらん」といった感覚で注意したわけである。新田は、その客と顔見知りのベテランの客室係に説明に行かせた。すると、その常連客は笑って納得したという。

深夜の靴磨き、そして前金での支払い

新大阪ホテルに話を戻すと、夜十二時以降のサービスはナイト・ボーイ（夜勤男子）が担当することも説明していた。また細かいところでは、こんな記述もある。

「お部屋備え付けの魔法瓶はわざと空にしてありますから、お湯なり冷水なりをメイドに命じてください」（これは「帝国ホテルの栞」にも見られる）

このほか、サービスに関していくつか拾い出してみると――新大阪ホテルでは自社内にランドリー工場があるので、プレスだけならば二時間くらいできれいに仕上げられる、と迅速なランドリー・サービスを強調、靴磨きについては、夜間に部屋の扉前に靴を出しておけば、翌朝きれいになって元の場所に戻っている仕組みになっていることを説明していた。

欧米でもホテルでは以前から、こうした靴磨きのサービスをおこなっていたようで、ヴィッキ・

バウムは小説『グランド・ホテル』でこれに言及しながら、当時の情景を巧みに描いている。

「グランド・ホテルの廊下には、ずらりと一列に寝室のドアが並んでいる。寝る前に廊下に靴を出して置くと、係りのボーイが集めて朝までに磨いておくのだが、夜中の一時までは、どの戸《ドア》の前にもまだ一足も靴は出ていない。誰もかれもホテルを出て、伯林《ベルリン》じゅうに散らばっているのだ。みんなが、この、電灯の光り輝く大都会の消費的な享楽を追って、熱心に歩き廻っているに相違ない」

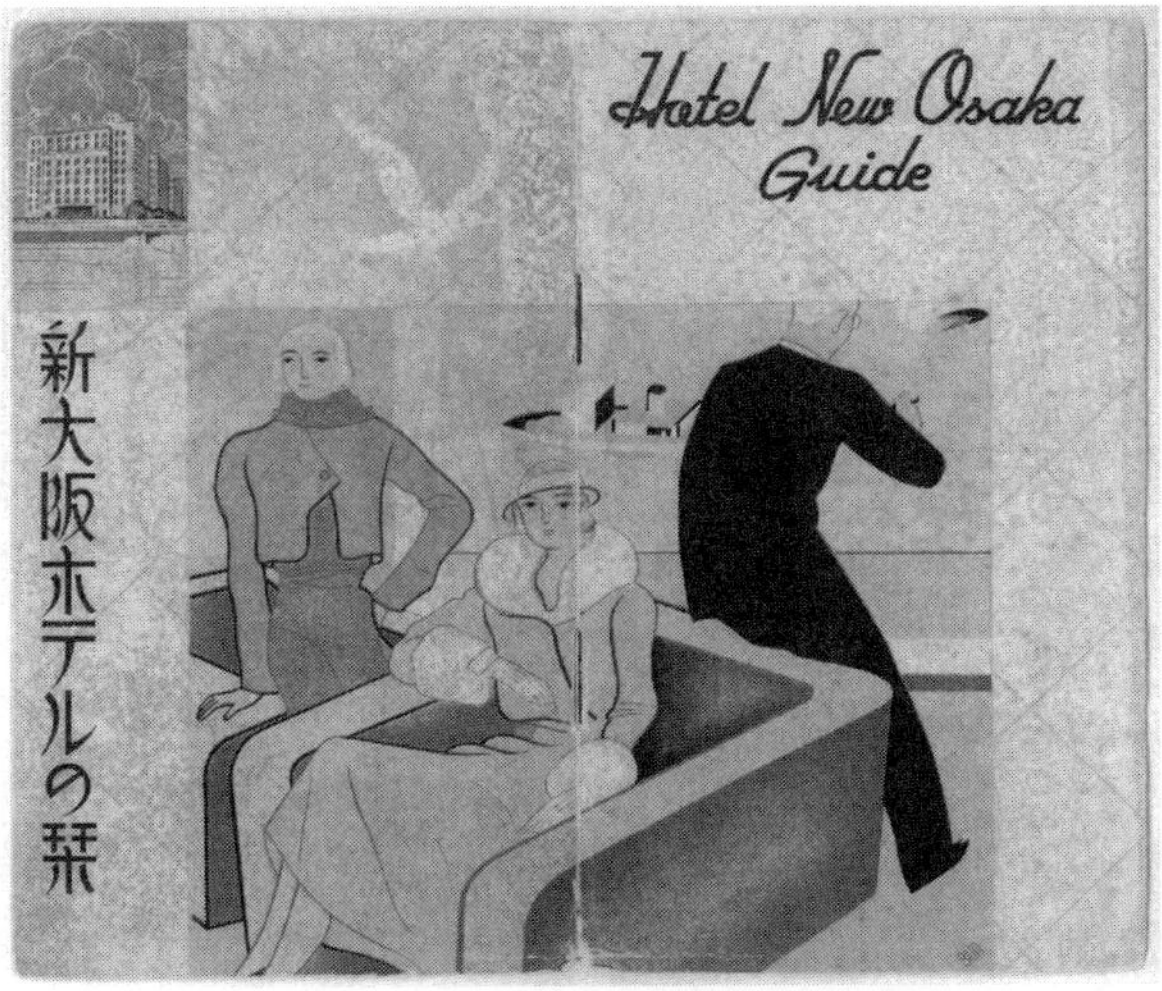

図13―２　「新大阪ホテルの栞」。和文29ページ、英文８ページの構成。「食事」の項では、グリルのスマートな利用法を提案。欧米では食堂の給仕長がロビーあたりで客の注文を聞き、料理ができあがるまで客はカクテルを楽しむと説明（おそらくロビー・ラウンジでということだろう）、時間の無駄も省けますよ、と言いながら、食前酒の楽しみ方を示唆していた。提案もまた、おもてなしの一つと気づかせてくれる。

さて「新大阪ホテルの栞」（図13―2）には、手荷物がない場合、前金を頂戴するという注意書きもある。

「一流の日本旅館では、いわゆる一見のお客をお断りすることがかなり多いようですが、ホテルではあまりないようです。英国ロンドンのクラリッジ・ホテル辺りでは紹介者なき客はお断りしているようですが、たいていの場合は部屋さえあれば、喜んでお泊めするのが普通です。ただし、荷物のない場合、もしくは小さな手荷物だけの場合は、前金を頂戴することが一般の習慣になっています」

前金とは、今日でも言うデポジットのこと。ホテル業界のこのような商習慣に対する理解を求めていた。

客に恥をかかせないのもおもてなし

次に日本郵船の「船内御注意」を見てみよう（図13―3）。手元にあるのは一九三四年（昭和九

図13―3　日本郵船の「船内御注意」。食事の作法については、こんな記述も。「日本流の舌打啜込（すすりこみ）等、凡（す）べて音を立てて食事を摂る事、これは大禁物で御座います。耳鼻を穿（ほじ）り、頭を掻く等、これまた最も嫌う所で御座います」

年）に発行されたものである。こちらはルールよりも礼儀作法に重点を置いているようだ。その理由が「はしがき」から読み取れる。

「皆様もすでにご存じの通り、船内では風俗習慣を異にする各国の方々が一ヵ所に集まり、談話に、お食事に、あたかも一家族のような生活をなさいますので、自然礼儀作法などもすべてが国際的となり、陸上とは一種異なった空気が醸されております。なかには「日本の船ではないか、領土の延長たる自国船の中で西洋の風習に倣うなんてけしからん」と言われる方もあるかもしれませんが、国際的な事業を営み、外国を顧客とする以上、（略）外国人を一人でも多く惹きつけるように協力することこそ国富をなす所以ではありますまいか」

これをありていに言えば、仮に日本人客が自分の故郷にいるような感覚で振る舞って注意を受け、「この船はもてなしがなっておらん」と文句を言っても通用しませんよ、というわけである。日本人客の言動が立派であれば、ひいては外国人が日本人全体に敬愛心を抱くだろう、とも述べている。

では、どのような点に注意すればいいのか。

まず、船室を一歩出ればすべて戸外となるので、服装には気をつけてほしいと説く。浴衣がけ、ぞうりやスリッパでの外出はお断りします、と述べている。

なお、服装については、鉄道省編『観光地と洋式ホテル』も「食堂では勿論のこと、廊下でもそこは戸外と同様に看做《みな》されるから、それ等の場所では無作法にならぬよう服装等に気をつけること」と、同様の注意を述べている。

話を客船に戻すと、食事での作法は「帝国ホテルの栞」に基づいて説明している。「静粛上品ならんとお心掛けになれば、すべてが解決します」と始め、ゆっくり食事をすることも作法の一つと教える。

例えば、何人もの乗客が一つの大きな円卓に集まったとすると、料理が行き渡るまで多少の時間がかかる。そんなとき、最初に配られた人が急いで食べてしまい、あとは他人の食事を眺めるだけ、ということは無作法に見られると説明している。

本書のテーマに沿って解釈すれば、客に恥をかかせないよう、作法を知ってもらうこともおもてなしなのだということだろう。

第14話　おもてなしの担い手を育てる

洋の東西を問わず、宿泊施設の原型は宗教的な慈悲の精神から生まれたという。おもてなしの担い手を育てる教育機関もまた、『新約聖書』の「努めて旅人をもてなしなさい」という教えから生まれた。

原点は宗教的な慈悲の精神から生まれた宿泊施設

わが国の宿泊施設の淵源は、布施屋にあると言われている。布施屋とは、奈良時代の高僧・行基が旅人のために設けた施設である。

前掲『旅と宿』(第7話を参照)によると、行基は七四一年(天平十三年)、山城や摂津など近畿地方に九つの布施屋を設けたという。行路病者の救済の意味で開設したもので、いわば無料の宿泊所だった。

行基はこのほか、四十九の寺を建立したと言われ、それらのなかには宿の役割を持たせていたものもあった。

行基ばかりでなく、東大寺も七六一年(天平宝字五年)に布施屋を建て、建物の周囲には梨や桃、柿などの果樹を植えて、それらの実は旅人たちが自由に採って食べていいことにしていた。天台宗の最澄もまた、信濃に二つの布施屋を設けている。

なお、寺社に関連した宿泊施設で言えば、その後の江戸時代、御師(おし、またはおんしと読む)の宿が全盛期を迎えている。これは例えば、伊勢神宮や出雲大社の周囲、あるいは富士山信仰のおひざ元・富士吉田などに誕生した参詣者のための宿である。御師は御祈禱師の略でもあるが、ここでは、暦やお札、みやげ物などを配って全国各地から参詣者を獲得し、さらに自分が経営する宿では参詣者のおもてなしに精いっぱい努める人のことである。

御師は一種の旅行業を営んでいたとも言えるだろうが、信仰と深く結び付いた宿だからこそ、おもてなしに力が入った。伊勢が成長期に入りつつあった十六世紀末のこと、「当時一ヵ所に二〇〇戸以上も旅宿が軒をつらねていた社会がどこに存在していただろうか」と宮本常一は『旅の民俗と歴史1 日本の宿』で記している。

「仏作って魂入れず」を改善するために

西洋での初期の宿泊施設もまた宗教的な慈悲の精神から生まれた。

今日、ホスピスと言えば、日本では末期がん患者の緩和ケア施設のことを意味するが、本来は主に病や負傷で倒れた巡礼者を受け入れる施設のことを指していた。中世初期のヨーロッパでは貧しい者や老いた者も受け入れたということだが、いずれにしてもキリスト教の精神から生まれたものだった。『新約聖書』の「ローマ人への手紙 第十二章三―十三節」に「努めて旅人をもてなしなさい」と記されている。

この言葉を受けてホテル学校を設立した組織がある。東京ＹＭＣＡ（東京基督教青年会）だ。一八八〇年（明治十三年）に結成された東京ＹＭＣＡがホテル学校を開設したのは、一九三五年（昭和十年）のことだった。わが国で最初の公認職業学校として誕生した東京ＹＭＣＡ国際ホテル専門学校である（図14―1）。同校はどのような経緯で設立されたのか。当時は訪日外国人が増加傾向にあり、ホテルなど諸施設も増えつつあったが、ほかにも取り組むべきことがあるとして、設立趣意書はこう述べている。

「然《しか》し乍《なが》ら、我等は斯く諸施設の整備を以て事成れりと言うことが出来ない。我等の見るところに依れば、現状は未だ遺憾乍ら、仏作って魂入れずの観ありと言わねばならぬ。すなわち、この諸機関、諸施設を動かし、活用し、且これに依て、実際直接に外客に接触する「人」の養成を欠くべからざる緊急時と考える」（小林道彦『東京ＹＭＣＡ国際ホテル専門学校60年史』）

さらに、趣意書はこう述べる。

「然し本校の使命とするところは、単に此等実際的諸科目〔英語、欧米作法、ホテルマネージメント、日本歴史、同地理、同美術史など：引用者注〕を理解し駆使して、その携わらるるところの営業のために資する人士を養うことに止まらぬ。寧ろ、如上の諸科を通じて、奉仕の精神と、高尚なる人格と、進んでは、国際親善と日本文化紹介のために、自ら身を以てその一隅の礎たらんとする健実・活発な男女諸氏の誕生を見ることにこそ、我等の願であり祈である」

単に業務に通じた人材を育てればいいわけではないというのだ。極めて高等な志で設立されたものだった。

図14―１　1929年（昭和４年）、神田美土代町に竣工した東京基督教青年会館。ホテル学校はこの建物のなかで開校した。正面入り口にホテル学校の看板が見える。５階と６階は会員用のアパートに、そして66年（昭和42年）には４階から６階が東京ＹＭＣＡホテルに。88年に解体工事がおこなわれた。

レストランに鬼面のような謎の彫刻が

ところは変わって、箱根・宮ノ下。富士屋ホテルのメインダイニング「ザ・フジヤ」では、鬼のような恐ろしい顔の彫刻を見ることができる。柱の下から見上げるように目を大

き く見開いていて、開いた口からは鋭く尖った歯がのぞいている。何かひとたび起これば、襲いかかってきそうな、一度見たら忘れられない表情である。レストランにこんな装飾があるホテルは、おそらく、ほかには見当たらないだろう。

それにしても、おいしい料理で客の心が和む空間に、なぜ、この場違いな彫刻が施されているのだろうか。一説によると、スタッフがきちんと仕事をするように、鬼が見張っているのだという。

では、見張っている鬼は誰なのか。山口正造だ。

正造は、一九三〇年(昭和五年)にこのレストランを完成させている。その際に、良質なサービスを将来にわたって維持していこうと考えて、鬼の彫刻を彫らせたのではないだろうか。

正造は、スタッフの仕事ぶりを確かめるため、必ず「ザ・フジヤ」で食事をしていたという。一九三二年(昭和七年)に入社し、のちにホテルニューオータニの総支配人を務める岡田吉三郎が次のように回想している。

「氏の毎日の食事は、交代で受けもってサービスをするのが習わしだったが、それも従業員の能力開発に役立った。私の番が回ってきたとき、すっかり上がってしまった私は、オーダーをいい加減に聞いて、わからないまま料理長に伝えてしまった。

ところが、料理長は、きょうのメニューなら、オヤジさんはこれだよといって、氏の好みをちゃんと知っていて助かったことがある」(前掲「山口正造氏の思い出」)

岡田は自身の失敗談を交えながら、正造独特の教育法を語っている。つまり、正造は従業員のサービスを自ら体験し、動きを観察して、改善すべき点があれば、指導していたのである。例えば、岡田らは、ウエイターたるもの「食堂に立っていて、客がナプキンを落としたとか、オーダーして長く待たされているとか、手に取るようにわかっていなければならない」と教えられた。この現場での教育法は、一九四四年（昭和十九年）に正造が亡くなってからもしばらく続いたという。

ホテルと旅館が一緒に発展するために

このように教育熱心だった富士屋ホテルの山口正造は、富士屋ホテル・トレーニングスクールを開設した。東京ＹＭＣＡ国際ホテル専門学校が開校する五年前、「ザ・フジヤ」開業と同年の一九三〇年（昭和五年）のことだ。ホテル・旅館業界には、子弟に理論的な経営手法を教える教育機関を望む声が上がっていて、そうしたなかでのスタートだった。

同スクールでは十三科目を掲げて実務教育を施した。ホール（いわゆるロビー周辺の業務）、食堂、料理場、倉庫、庶務、帳場（フロント）、案内所、客室、洗濯、酒場、売店、庭園、ポーターである。このうち六科目以上を修め、修業年限三年を終えた者は卒業証書が受け取れるというものだった。講師は富士屋ホテルの各部署の主任が務めることにした。

その結果、「遠くは、九州、北海道、大連の有力な旅館主に至るまで競うて其子弟を富士屋ホテルに送り、山口専務の薫陶を受けしめんとするに至った」（前掲『回顧六十年』）

正造の薫陶を受けた前出の岡田吉三郎はのちに語っている。

「ホテルは日本旅館と一緒に発展しなければならないというのが氏の考え方だった。大福帳的経営から近代的経営に移るべきだと、日本旅館の子弟をトレーニングスクールという名で預かり、訓練したのも、そういった考え方があったからだろう」（前掲「山口正造氏の思い出」）

記念すべき第一回卒業生を送り出したのは一九三三年（昭和八年）十一月。人数は四人で、英文の証書が手渡された。そのほか、四人の修業生を送り出した。

前掲『東京YMCA国際ホテル専門学校60年史』はこの件にふれ、「以降一九四三年までに合計五十一名をホテル業界に送っている」と評価しながらも、「これはあくまでも企業内の訓練所ともいうべき性格のもので、東京YMCA国際ホテル専門学校のような、公認の学校とは異なる職業訓練校というべきであろう」と一線を画していることを明確に述べている。

正造自身もトレーニングスクールで十分とは思っていなかったかもしれない。「立教観光クラブニュース」第七十一号に、「立教大学ホテル研究会創立50周年を迎えて（編集部）」の見出しで次の一文が掲載されている。

「氏〔山口正造のこと：引用者注〕は昭和十九年二月に急逝したが、この時すでに日本の敗戦を予見し、病床にあって敗戦後の新日本再建、なかんずく、国際観光ホテルの発展を願い、苦しい財源の中から、遺言と共に「ホテル講座開設基金」を立教大学に託した」

一九四六年（昭和二十一年）十月、戦後間もない時期に立教大学ホテル講座が開講したが、それは山口の遺志があればこそだったのである。この記事によると、アメリカ・コーネル大学に留学して満州各地のヤマトホテルの総支配人を歴任した大坪正を主任講師に、経営、発達史、会計、設計、設備、献立など計三十六時間のカリキュラムが組まれた。そして、このような活動が発展して、六七年（昭和四十二年）、四年制大学としては初めての観光学科が誕生したのだった。

「卒業生が飛ぶように売れる私立学校」

『主婦之友』一九三七年四月号に「就職難のない楽園 日本に唯一つの国際ホテル学校を訪《と》う」という記事が八ページ近くにわたって掲載されている（執筆は同誌記者）。国際ホテル学校とは、前出の東京ＹＭＣＡ国際ホテル専門学校のことである。開校して二年が経過した頃の様子を報じたものだが、ここで注目したいのが「就職難のない楽園」という表現である。この記事は、こんな一文で始まっている。

「この就職難の時代に、「卒業生が飛ぶように売れる私立学校がある。」と聞いては、誰でも、「本当か？」と問い返さずにはおれますまい。

そのうえ、卒業と同時に大ホテルの支配人に迎えられた学生もあれば、外人経営の会社から高給を以て招かれた幸福者もあって、その中には若い婦人もいる、というから、いよいよ驚かされます」

まさに「就職難のない楽園」だ。実際そのとおりだったようである。前掲『東京ＹＭＣＡ国際ホテル専門学校60年史』にも、開校初年度に関する記述にこんな一文が見られるのだ。

「第一学期が終ったばかりの夏休み中に帝国ホテルでは本校学生の粒撰りを採用してしまった」

「採用者側からの申込はドシドシ殺到の有様で、最近三越本店に就職した者もあり、其他新設ホテル二ヶ所から採用申込があり、この分では来春三月の卒業期までには全部売切という有様になるだろう」

結局、初年度は百二十四人の新入生を迎え、第二学期には、就職による中途退学者十三人を補うため、補欠入学者二十人を加え、さらに二学期を終わって六十七人を就職者として送り出したという。

外国人はホテル従業員を通じて日本を知る

まさに引く手あまたの状況だが、なぜ、これほどの人気を博したのだろうか。

一つには、志が高い学生が多く集まったからと言えるかもしれない。前掲『東京ＹＭＣＡ国際ホテル専門学校60年史』には一部学生の抱負が掲載されている。

「ホテル学校に於ける一ヶ年、一心に勉強し英会話の実力を養い度いと思っている。而《しこう》して卒業の暁は、国際礼儀と国際精神に基き、故国を後に来朝された旅人を慰め、且つ親切に日本の美点、長所を理解せしめたる《（ママ）》大いに活躍したいと思う」

「私は女ながらも一つの職業、それも自分の性格に合った意義ある仕事に従事したいとの考えから、女学校卒業後、専ら英語の勉強に心掛けて来た。今回ホテル学校に入学を許されたので本校の設立の精神を体得し、日本の女性として恥しからぬ様、婦徳を養い、この意義ある職業に従事したいと願っている」

そして、この学校に対して学生の人気が出たもう一つの理由は、前出の設立趣意書に述べられた考えが正しかったことを業界が理解したからではないだろうか。補足する意味で、先の「主婦之友」の記事から、設立の背景を改めて読み取ってみよう。取材に応対するのは、教務主任の尾崎勉である。

「日本を観ようとして外国から来朝する人々が第一に接するのは、外務省のお役人でもなければ、外国研究家でもない、実にホテルの接待係なのです。そうしてこのホテル従業員《マン》は、最後までその外人の世話をするのですから、殆どすべての外国人は、ホテル・マンを通して日本人を実際に知り、日本の印象を持つわけです。観光客に正しく日本を認識させ、いい印象を与えるには、どうしても、ホテル・マンが外国について充分な認識を持ち、行届いた奉仕ができなければなりません。ところがどうでしょう、現在のホテル・マンは、大部分が、外国人を理解していない、サーヴィスのできない人達です」

そこで、国際親善のためには外国人を応援できる人を育てる必要があるとして、その教育機関を作るには「基督教青年会が最も適しているというので」、ホテル学校開設に至ったという。関係団体・企業から広く協力を得られ、実務に通じた講師陣をそろえることができたのも成功の要因になったようだ。

その講師陣の一人、東京鉄道ホテル（現・東京ステーションホテル）支配人の剣持確麿が開校二年目の一九三六年（昭和十一年）に開催された初めての「ホテル祭」で講演して、聴衆に感銘を与えたことを前掲『東京ＹＭＣＡ国際ホテル専門学校60年史』は述べている。剣持の講演の内容は次のようなものだった。

「我国や欧州におけるホテル旅館の起源が、営業が目的だったのではなく、同情親切、すなわちホスピタリティ（Hospitality）に基づくものであったという歴史的精神を説き、今日の如くホテル旅館業が立派な産業として発達している時代でも、この親切という真心を忘れてはならないことを強調した。そしてホテル旅館が客によって喜ばれるのは、単に設備がよいためではなく、実に真心からなる親切がこもっている時、人びとは、これを喜び、且つ感謝するのであると、自らの体験をもって語り、深い感銘を与えた」

剣持は日頃から、こういったことを学生たちに教えていたのではないだろうか。

さて、こうして東京ＹＭＣＡ国際ホテル専門学校は、太平洋戦争開戦までは七回生までを業界に送り込んだ。戦後の開校は、一九四六年（昭和二十一年）十月、先にふれた立教大学ホテル講座が開かれる直前のこと。百四人が入学試験に臨み、七十三人が合格して入学したのだった。

第15話　あの人が愛用した理由とは

一芸に秀でた著名人は一般人とは異なる視点でホテルや旅館を選び、独自のスタイルで愛用してきた。また、ホテルや旅館の側も愛用される間に利用客との距離感を縮め、利用目的に沿った的確なおもてなしで彼らの愛顧に応えていった。

莫大なツケをホテル経営者が帳消しに

欧米での修業を経て、二十代半ばで「われらのテナー」の称号を得たオペラ歌手の藤原義江は、一九二三年（大正十二年）三月、三年ぶりに帰国すると、帝国ホテルで旅装を解いて六カ月間ほど滞在した。

その間、国内と台湾に演奏旅行に出かけたが、その帰途、関東大震災に遭遇する。

「船で横浜まで来てから、やっとのことで東京に戻ったのだが、不思議なことに帝国ホテルは無事で、壁一つ落ちていなかった」（藤原義江『流転七十五年』）

ここに出てきた帝国ホテルとは、関東大震災当日に開業披露宴の日を迎えたライト館のこと。藤原は当時の様子をこう記している。

「当時支配人だった犬丸徹三さんは、滞在中の外人客に対し衣食住のすべてを帝国ホテルがめんどうをみるという措置を取った。日本人の客はできるだけ知人の家に行くか、日本旅館に移るかしてほしいという希望があり、僕もピアニストの近藤柏次郎の家に引き移ったものである」

また藤原は、ホテルが誰に対してもライスカレーとビーフシチューを無料で振る舞うという英断を下したこと、このことを欧米の新聞が取り上げて評判になったことにふれている。

ただし、困ったのは藤原自身だ。全国六十数カ所で予定されていた音楽会が震災の影響で中止になってしまったのだ。そこで、もう一度海外へ出ることにした。

だが、藤原にはさらに困ったことが起きた。実は、六カ月もホテルを使っていて、その間に一度も支払いをしていなかったのだ（ホテルも鷹揚と言えば鷹揚だが、公演旅行に出かけていたこともあって、請求のタイミングを失っていたのかもしれない）。

日本を発たなければならない日が迫っていたあるとき、藤原がレストランで朝食をとっていると、当時の帝国ホテル社長・大倉喜七郎が「浮かない顔してどうしたんだ」と声をかけてきた。藤原が事情を話すと、大倉は犬丸支配人を呼び、「藤原君の勘定書きを全部集めて持ってくるように」と言った。そして、大倉はそれらの伝票に黙ってサインした。藤原はこれで〝自由の身〟になり、「多くの人の好意を受け、感謝の気持ちでいっぱいになりながら、また僕はアメリカへと旅立った」という。

このときの金額がどれくらいだったのかは定かではないし、ホテル代だけではなかったかもしれない。牛島秀彦の『藤原義江』によると、「赤坂、新橋、柳橋の一流料亭、待合の勘定から、三越、白木屋などの買物の勘定も全てホテルのつけにしていたばかりか、当時はホテル滞在中の信用度の高い客には、「赤伝票」というのがあり、ちょいと片目をつぶれば、すぐ現金を会計が無利子で借《ママ》してくれたので、その「赤伝票」も何かにつけては、大いに活用した」。

こういう具合だったから、相当な金額にのぼっていたことは間違いない。それでも大倉はサイン一つで処理した。それこそ〝究極のおもてなし〟を藤原は受けたのである。大倉はさすがに大倉財閥の当主らしい太っ腹を見せたとも言える。いや、彼ならではのパトロナージュ精神の表れと表現したほうが正確だろう。

大倉は「合名会社大倉組を司令部とする直系会社十五社の社長だの会長だののピカピカした肩書」を持ち、「自分では数えきれない二百社以上の関係会社」を傘下に収めていた（大倉雄二『男爵』）。

また、演劇評論家の尾崎宏次の表現を借りれば、「西洋風のパトロネージ」を楽しみ、「ヨーロッパ風のサロン」を確立しようとした人物である（同書）。だから、藤原のホテル代を肩代わりしたのも、心から彼を支援する気持ちだったのだろう。大倉は、一九三四年（昭和九年）に藤原歌劇団が創設されたときも全面的な援助をおこなっている。

休憩用の椅子を廊下に配置

ところで、藤原はその翌年の一九三五年（昭和十年）に鎌倉山に自宅を新築しているが、六七年（昭和四十二年）には歌劇団の財政難で手放している。そのため、晩年の藤原は、レコード会社ビクターなどの支援もあって帝国ホテルに住み続けることになるが、ホテル側も長年の住人に対して、特別なおもてなしをおこなっていた。藤原好みのステーキ料理に「コトレット・フジワラ」と名前を付けたというのだ。

「これは仔牛の肉を赤ぶどう酒にひたして料理した変わった味のものだ。これは注文しておいてから食べにいくことになっていた」（前掲『流転七十五年』）

また、病を得て体力が弱ってからは、「ホテルの従業員も気をつかって食堂では肉など小さく食べよいように切ってくれたりした」（同書）という。

「義江のためにわざわざ休憩用の椅子を廊下のあちこちに配置してくれた」と明らかにしているのは、前掲『藤原義江』である。実際、藤原はホテルの従業員たちから愛されていたようだ。入退院を繰り返していたときのことを、同書はこう記している。

「ホテルの窓からは大勢のメイドたちが顔を出し、久しぶりに日比谷公園に向かう車椅子の義江に手をふり、義江もうれしそうにそれに答《(ママ)》えた」

このように厚遇された藤原は一九七五年（昭和五十年）十月、帝国ホテルから病院に運ばれ、そのまま不帰の人となる。翌年三月二十二日死去。享年七十七だった。

川端康成が発見したホテルの精神

二〇一六年にホテルオークラが開催した第二十二回「秘蔵の名品 アートコレクション展」の冒頭を飾ったのは、川端康成の色紙だった。同ホテルを定宿にしていた川端が同ホテルに贈ったもので、それにはこう記されていた。

「歩み入る者にやすらぎを、去り行く人にしあわせを」

この言葉は、もともとはドイツのローテンブルクにある古城の門に刻まれた言葉だったが、川端はそれを画家・東山魁夷の随筆で知り、「これは、このホテルの精神ですね」と感じて色紙にしたためたという。

川端は、前出の大倉喜七郎と交流があった。同ホテルのPR誌「葵」第一号（一九六五年）に「大倉さんのホテル」という一文を寄せている。

「大倉さんが生きていたら、ホテルの部屋で、あの天才的な話術に魅せられて、仕事のはげみにもなったろうにと思うと、その死がさびしい。私は大倉さんから小遣いをもらったことはないが、若い時から終始尊重してもらったようである。敗戦後のまだ不自由なころ、フランス風の長い棒パンを試作させたと言って、大倉さん自身が、なにかのついでではあろうが、鎌倉の私の家へとどけに来てくれたりもした」(川端康成「大倉さんのホテル」『川端康成全集』第三十四巻)
こうした関係もあって、大倉が開発したホテルオークラにも親しみを覚えて定宿にし、わざわざ色紙を残したのだろう。川端が気づいたように、この言葉はまさにホテルにふさわしい精神であり、同ホテルはこの色紙、そしてその精神を大切に守ってきたということなのである。

「なつかしい日本の静かさがある」

川端康成はホテルや旅館に関する逸話を多く残してきたが、それは、宿泊した先で原稿を書くことが多かったからかもしれない。

ことに「柊家ほど思い出の多い宿はない」と書いているように、柊家のパンフレットに掲載された一文を読むと、京都の柊家は、川端にとって別格の存在だったことがうかがわれる。「私が柊家に着いて安心するというのは(略)柊家の家風のせいである」と記し、「料亭のようにぜいたくな宿、見せかけの数寄の宿、推しつけがましい宿、うるさい宿、風儀の悪い宿は、全国的に蔓《はびこ》りつつある」と嘆き、「柊家の万事控目が珍しく思えるほどだ」と述べている。柊家に「なつかしい日本の静かさがある」ことで気に入っているのである(図15―1)。

では、柊家は、川端をどうもてなしたのだろうか。田口八重は前掲『おこしやす』の「忘れ得ぬお客さまの面影」のなかで、最も多く紙数を費やして川端に関する思い出をつづっている。

川端は「本当に無口なおかたで、余分なことはほとんどお話しになりませんでした」。だから、

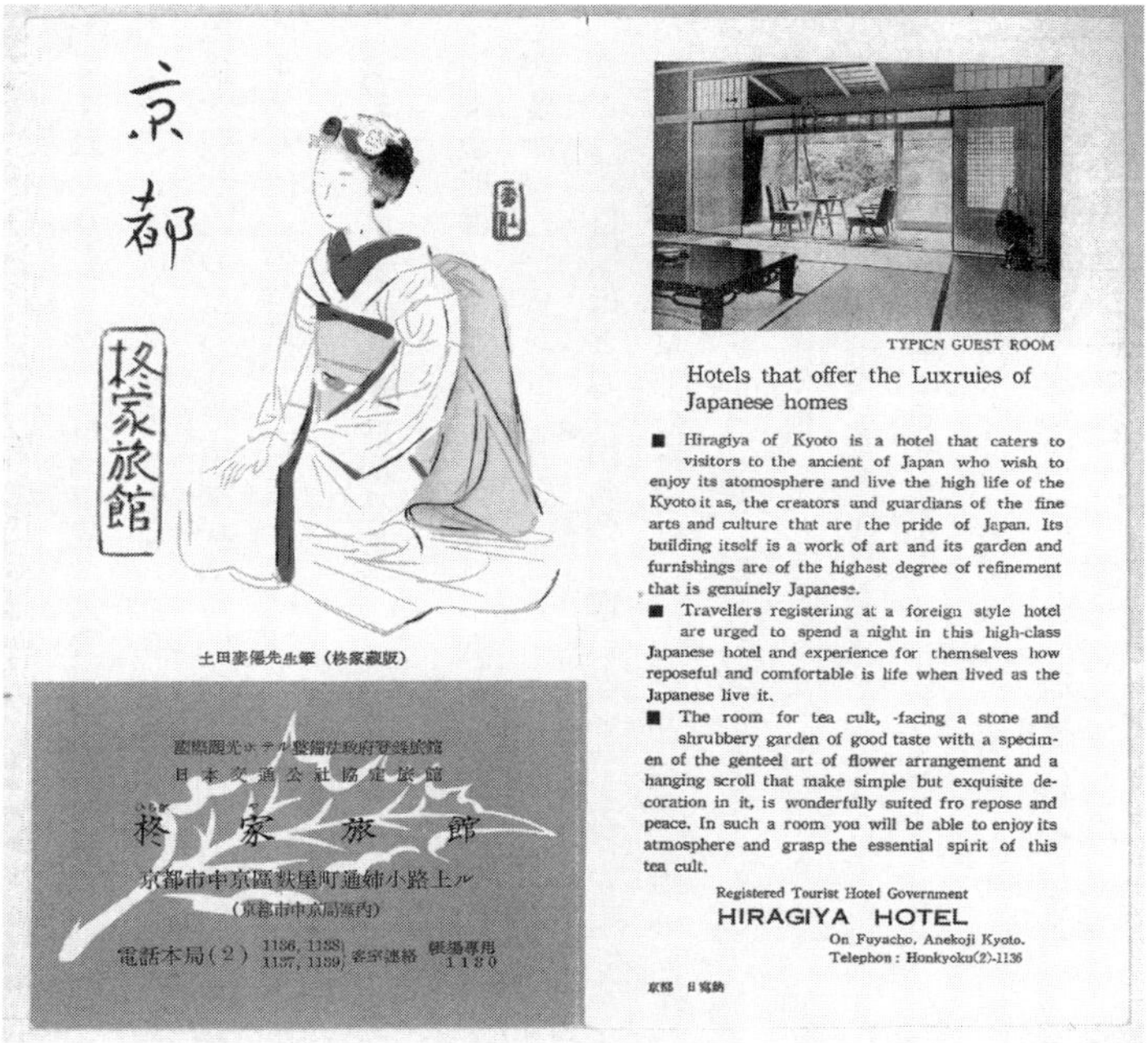

図15－１　土田麦僊の絵があしらわれた柊家のパンフレット。「柊家」と題した川端康成の随筆も掲載されていた。「玄関に入ると「来者如帰」の額が目につくが、私にはそうである」

「どこかご不満な所があるのではないか、なにかしてほしいことがおありになるのではないかを、私のほうで察していかなければなりません」。精いっぱい目を配り、気を使い、勘をはたらかせて接遇したことだろう。

例えば、深夜の十二時から朝の七時までの執筆時間に合わせて、田口も就寝時刻を決めていたこと、冬の時期は朝まで炭がもつように大きな火鉢を用意して、火を十分におこしておいたこと、適度な湿度が保てるように鉄瓶を火の上に載せておいたことなどを述べている。

川端はやがて田口のことが気に入り、「お八重さん、お八重さん」と声をかけるようになった。「お八重さんの一代記を書かせてもらえないか」と言うほど、関係は密になっていった。田口はその申し出を断ったが、のちに悔いたという。

「私が松竹の担当」と公言した女中のおゆうさん

川端が柊家を愛用した理由の一つがお八重さんの存在であったとすれば、映画監督の小津安二郎が神奈川県茅ケ崎市の茅ヶ崎館を仕事場、つまり脚本を書く場として愛用できたのは、女中のおゆうさん（本名は檜波田《ひわた》イヨ）がいたからだった。

茅ヶ崎館のことを詳しく取材した石坂昌三の『小津安二郎と茅ヶ崎館』によると、小津が初めて茅ヶ崎館を訪れたのは、一九四一年（昭和十六年）のことだったという。その五年前から、茅ヶ崎館は松竹の大船脚本部の仕事場になっていたからだ。小津はそれ以降、長年にわたって二番の部屋を仕事場にすることになる。

小津ははじめから茅ヶ崎館を気に入っていた。静かでのんびりとした雰囲気で、学生の下宿を思わせる佇まいを好ましく思ったのだ。部屋のなかで自由に自炊させてくれるのも、小津にとっては願ってもないことだった。

そして、女中のおゆうさん。彼女は「私が松竹の担当」と公言して、小津をはじめ、松竹関係者の世話を焼いた。前掲『小津安二郎と茅ヶ崎館』は、脚本家で監督の新藤兼人の「茅ヶ崎館が人気のあった理由は、おゆうさんがいたからともいえますよ」との証言を載せている。

小津もまた、食材やタバコなどの用立てなどを含めて、多くのことを彼女の世話になった。小津は、日記に「茅ヶ崎に帰る」と記したほど通い詰めた。

献身的に働いたおゆうさんを支えたのは、誇りだった。「あんな立派な映画をこしらえる先生の仕事を私はしているんだ」（同書）。小津の新作が封切られると、おゆうさんは平塚と茅ヶ崎の映画館に二度見にいった。

彼女はどれだけ小津のことを思っていたか。一九六三年（昭和三十八年）に小津が亡くなった翌朝のこと。老婆のように変わり果てたおゆうさんは「少女のように声を挙げて泣き、無人の「二番」の部屋に、放心したように坐り込んで、一日動かなかったという」（同書）。

作家のためにパンを神戸から仕入れた温泉宿

作家・志賀直哉が定宿として愛用した城崎温泉の三木屋を、十五年ほど前に取材したことがある（図15―2）。

図15―2　志賀直哉が定宿にした三木屋。筆者の取材時には、映画監督の山田洋次が「久しぶりに静かな時が過ごせた」と書き残した色紙を見ることもできた。

志賀は一九一三年（大正二年）十月、東京の山手線の電車に跳ね飛ばされ、そのけがの後養生のために、医者の紹介ではるばる城崎温泉にやってきた。そして三木屋に滞在して、虫や小動物の死を見つめた短篇『城の崎にて』を著した。

志賀は、この作品で城崎温泉の風土や宿のことを詳しく書き込んでいるわけではないが、よほど気に入ったのだろう、その後、何度も訪れている。三木屋の主人は「志賀直哉さんはその後、十三回お泊まりになりました。いつもこの二階の二六号室でしたよ」と教えてくれた。志賀はこう記している。

「自分の部屋は二階で、隣のない、わりに静かな座敷だった。読み書きに疲れるとよく縁の椅子に出た」（志賀直哉「城の崎にて」『志賀直哉全集』第二巻）

志賀が愛用した部屋は、贅を尽くした空間というわけではないが、窓からは庭も眺められ、どこかほっとする佇まいを見せていた（なお、厳密に言えば、志賀が最初に滞在した建物は一九二五年〔大正十四年〕の北但大震災で焼失して、その後、建て直されている）。

「志賀さんは洋食党で、朝食は必ずパンでした。いつも神戸から仕入れていました」と三木屋の主人。こうしたおもてなしもうれしかっただろう。

また、志賀は『暗夜行路』では三木屋の名を挙げ、こう記している。

「城崎では彼は三木屋というのに宿った。俥で見て来た町の如何にも温泉場らしい情緒が彼を楽ませた。高瀬川のような浅い流れが町の真中を貫いている。その両側に細い千本格子のはまった、二階三階の湯宿が軒を並べ、眺めは寧ろ曲輪《くるわ》の趣きに近かった。又温泉場としては珍しく清潔な感じも彼を喜ばした」（志賀直哉「暗夜行路」『志賀直哉全集』第五巻）

この城崎温泉に対する感想はおそらく、志賀自身のものだったのだろう。

城崎温泉は、一八一〇年（文化七年）に発行された八隅蘆菴『旅行用心集』（須原屋伊八）で日本一の優れた湯として紹介された名温泉である。泉質のよさもあったのだろうが、宿の居心地のよさとおもてなし、そして独特の風情に誘われて、志賀は城崎温泉に通い詰めたのではないだろうか。

「随分粗末な所だが」、「絶佳の環境」

歌人や書家として有名な會津八一をはじめ、多くの文化人や学者に愛された小さくて質素な宿屋があった。一九八二年（昭和五十七年）末まで営業していた奈良市の日吉館である。

ことに會津は奈良を訪れた際、日吉館をたびたび定宿にした。一九二一年（大正十年）から、彼が亡くなる六年前の一九五〇年(昭和二十五年)までの約三十年間にわたって愛用していた。「泊まった回数は二十回を上回ると考えられる」という(金志虎「日吉館の宿帳と會津八一の投宿記録」、早稲田大学會津八一記念博物館編『日吉館をめぐる人々』所収)。彼が揮毫した看板がその宿屋に掲げられ、「日吉館のお父さん」と呼ばれていたこともあった(看板の完成は一九三〇年)。

會津はなぜ、これほど日吉館を利用し、愛したのだろうか。

會津は一九〇八年(明治四十一年)に初めて奈良を訪れた。二十八歳のときである。当時、日吉館はまだ存在していなかった。創業は一四年(大正三年)の頃と言われている。では、どのような経緯で日吉館を利用するようになったのだろうか。美術史家・安藤更生《こうせい》が随筆「奈良の旅籠屋」で次のように記した、と青山茂が指摘している。

「〔二十歳の学生の板橋倫行が:引用者注〕盛《さかん》に日吉館のいいことを話していたが、その秋、吉武正紀が泊って絶賛してよこしたので、十一月、再び奈良を訪れた秋艸道人《しゅうそう》〔會津のこと:引用者注〕は、今度は博物館横の日吉館へ泊った」(青山茂「日吉館の星霜」、太田博太郎編『奈良の宿・日吉館』所収)

どのような宿屋だったのか。

まず、立地条件がすばらしかった。「前は最新式洋風建築の博物館とその広い構内。裏は竹藪や雑木林に続いて、奈良の近世名園のほまれ高い依水園の三秀亭の庭。東には氷室神社の森、西は木本家の庭が望めるという、まさに絶佳の環境である」(前掲「日吉館の星霜」)。しかし、周囲の環境に反して、「日吉館は随分粗末な所だが、そんなことには無頓着であった」(藤懸静也「足立博士の思い出」、前掲『奈良の宿・日吉館』所収)。畳は赤茶けて、襖も黄色く変色している。「週刊朝日」記者の池辺史生は愛着を込めて「おそらく日本一のおんぼろ旅館」と呼んだ(池辺史生「日吉館今昔」、同書所収)。

そんな日吉館を支えたのは、「おばさん」とか「おばちゃん」と呼ばれた女将さんだ。「二代引き続いて賢いおかみさん〔田村ツネオと田村きよの:引用者注〕に恵まれている。いつ寝るのかと思うほど、朝から夜中まで、小さな、引き締まったからだで、働きづめに働いている」(安藤更生「日吉館繁盛記」、同書所収)。

料金は低廉だったが、夕食はすき焼きなどで牛肉をたっぷり出すなど満足感が高いものだった。会計時、あまりの安さに驚いた宿泊客もいたという。だからだろう、會津は学生を何人も引き連れての研修旅行に利用し、それが恒例になっていったのである。

貧乏学生から一流の文化人まで

會津八一が定宿にする前から、日吉館の宿帳には学者や画家が名を連ねていた。

日吉館はもともと下宿屋兼業の旅館だった。当初から、一、二泊の旅行者もいたようだが、長期滞在者も増えていった。しかし、初代女将の田村ツネオは経営方針について悩むようになる。

実は、一九一五年(大正四年)の大仏殿修理の落慶式で多くの観光客が押し寄せて、奈良市内の旅館が大いに潤ったことがあった。それで女将は、このままほそぼそと下宿屋兼業の旅館を続けるよりも、一般観光客を相手にした旅館に転身したほうがいいのではないかと考えたのだ。

そんなとき、東北大学で文化史を教えていた福井利吉郎や、のちに東京国立博物館長となる上野直昭らは「並みの旅館になり下がっては駄目だよ。お客に選ばれるより、お客を選ぶ旅館になりなさい」と助言したという（前掲「日吉館の星霜」）。

女将は彼らの助言を聞き入れ、従来の経営方針を貫いた。やがて、一、二泊の旅行者は姿を消し、下宿人や数日以上の長期滞在者が増えて、日吉館には独特の雰囲気が漂うようになっていった。そして、評判が口コミなどで広がり、「奈良の芸術院」とまで呼ばれるようになっていく。宿帳には、先に挙げた人物に加え、画家では石井柏亭、岡本太郎、宮本三郎、学者では足立康、和辻哲郎、作家では志賀直哉、堀辰雄、室生犀星などと枚挙にいとまがないほど、著名な文化人・知識人の名が記された。

いや、功成り名を遂げた人ばかりではない。貧乏学生も一緒に泊まった。こんな逸話が残されている。四畳半の部屋に泊まった学生が、おばちゃんが取り持つ縁で隣の学者と師弟関係を結ぶようになった。かと思えば、おばちゃんは朝寝坊する学生を叩き起こしては、「早く外に出て、勉強しなさい」と言うのである。これがおばちゃん流のおもてなしだった。

「この宿で勉強した人で、のちに博士になったり著述家になったり、偉くなった人がかなりあって、それがおかみさんにとっていちばんうれしいこと」（桑田泰三「奈良の名物旅館」、前掲『奈良の宿・日吉館』）だったという。

第16話　知恵と工夫を結集させて――「西の迎賓館ホテル」誕生秘話

創業時、役員十人のうち九人が貴族院議員で、大阪で最も格式が高い「西の迎賓館ホテル」を目指した新大阪ホテル。知恵と工夫を結集した新機軸を多く打ち出して、おもてなしの質の向上に努めたという。どのようなホテルだったのだろうか。

大阪を牽引する人々が発案

二〇一五年、大阪のリーガロイヤルホテルが創業八十周年を迎えた。その前身である新大阪ホテルには、一九三五年（昭和十年）に営業を開始したとき、数多くの新たな試みが投入され、大いに注目された。

新大阪ホテルの開発計画が最初に世に出たのは、一九二四年（大正十三年）のことだった。当時、帝国ホテルの支配人を務めていた犬丸徹三は、恩師でもあり大阪市長でもある関一《はじめ》から目論見書を受け取り、このホテルの開発と創業に大きく関与した。関市長は大阪の発展に貢献して「大阪の恩人」と呼ばれた人物だ。また、のちに犬丸は、発案者が大阪商工会議所会頭の稲畑勝太郎だったことも知る。いずれにせよ、大阪を牽引する人々の間で計画は生まれたのである。

開発の発端はこうだ。

犬丸に目論見書が届く前年、東京の木造旅館は関東大震災で壊滅状態にあり、大阪の実業家たちは帝国ホテルなどのホテルを利用するようになっていた。犬丸は、この「帝都のかかる宿泊事情が大阪の地に、大ホテルの必要を痛感せしめた一因ではなかったかと思う」と前掲『ホテルと共に七十年』で記している。ホテルの安全性に注目が集まったということなのだろう（実際、太平洋戦争時の大阪空襲で、新大阪ホテルは従業員の懸命の消火活動もあって存続して、多くの人々に安息の場を提供した）。

初めての客室冷房設備が評判に

手元に大判の古い雑誌「アサヒグラフ」一九三五年一月三十日号がある。この雑誌が見開き二ページで「水都を飾る新大阪ホテルの豪華版開く」と、大きく報じている。「名実共に東洋一を誇るだけに、出来る限りの最小能力で最大の機能を発揮するように、電気機械の全能的活動と共にいろいろな新機軸が発揮されている」とあり、ロビーや客室、宴会場などの施設のほか、皿洗い機や冷房設備、中央監視盤など裏側の設備も写真入りで紹介している。まさに最先端ホテルの完成を歓迎する、期待に満ちた誌面に仕上がっていると言える。

冷房設備については、ロイヤルホテル編『RIHGA ROYAL HOTEL』によると、全二百十一室のうち「土佐堀川に面した南側客室二十五室に冷房を施す（客室は日本初）など（略）人びとを驚かせ」たという。この冷房設備に関して、支配人、そして社長を務めた郡司茂相談役が閉館時にこう回想している。

「当時は寝室に冷房をきかせて寝ると、カリエス〔骨の病気：引用者注〕になるという俗説があって、欧米のホテルも冷房をしてなかった。私は建築プランに参加して、支配人として重役を説得して初めて冷房を設備させたのです。当時としては冒険だったわけです」（「また消えた〝古きよき時代〟」「週刊朝日」一九七三年九月十四日号）

また、郡司は自著『運鈍根』では、こう記した。

「信じ難いようであるが、世界広しといえども客室に冷房のあるホテルは、まだ一つもなかったのである。冷房装置をつけるか、どうかについては議論百出したが、加賀〔覚次郎：引用者注〕常務の英断で実施に踏み切った。世界最初の試みというので、アメリカの「リーダーズ・ダイジェスト」誌がこれを取り上げてくれたのは、大いに愉快であった。大阪の猛暑を完全にはねのけた冷房が、大歓迎されたのはいうまでもない」

ちなみに、新大阪ホテル開業の三年前の一九三二年（昭和七年）、東京に開業した山王ホテルは、大食堂やグリルルームに冷房設備があることをパンフレットで謳っていた。また、全館冷房を初めて実現させたのは、新大阪ホテルの三年後に開業した東京・新橋の第一ホテルで、同ホテル編『夢を託して』には、次の一文がある。

「歌人佐佐木信綱は、夏期になると軽井沢を避暑地とするのが常例であった。が、冷房完備ということで第一ホテルを避暑地代わりに利用され、（略）「おかげで軽井沢往復の苦労が省けた」と喜んでいた」

こちらでも、暑い季節に涼風を提供するサービスは好評だったのだろう、電力事情から冷房設備の制限が強化された一九三九年（昭和十四年）夏、第一ホテルは関係当局に陳情書を提出したほどだ。いかに海外からの訪問団が多く利用しているかを示し、「国際貸借改善をなす上に於《おい》て不可欠の設備」として、理解を求めた。冷房は外貨獲得に役立つと主張したのだった。

静かなホテルへのこだわり

新大阪ホテルの開業時、犬丸徹三は「京都新聞」の取材を受けて次の談話を披露した、と手記に残している。一部引用してみよう。

「ここは場所としては騒音の中心地だ。この騒音を完全に防ぐため、かならずしも諸外国のホテルの実例にならわず、文字通りのサウンドレス・ホテルに仕上げた」（犬丸徹三「半生の記 第二十五回」「Hotel Review」一九六三年一月号）

具体的にどうしたのか。

「普通のホテル建築は下に宴会場があり、上層の階には客室があるものと決まっているが、このホテルは縦割りにして、上から下までの半分が宴会場等、他の半分を客室にした。私も、この客室で五日間寝てみたが、外を通る自動車の警笛の音一つ聞こえてこない。実に静かなものです」

宿泊と宴会、それぞれの利用客の動線を振り分けることで、静けさや落ち着いた雰囲気を求める宿泊客の要望に応えようとしたのである（図16―1）。

そして、この「サウンドレス・ホテル」へのこだわりが、のちにも見られた。新大阪ホテルの歴

図16－1　宿泊客や食事客は土佐堀川（南側）に面した入り口を、宴会客は堂島川（北側）に面した入り口を利用する設計。客室は8階まで、宴会場は5階まであったので、この外観写真は南側から撮影したものだろう。

史を引き継いだ大阪ロイヤルホテル（一九七〇年開業、現・リーガロイヤルホテル）建設時のことだ。前出の郡司は次のように回想している。

「山本〔為三郎：引用者注〕社長はホテルの防音装置について非常にきびしかった。その一つがガラスだ。私も阪大の先生のところへ行ってずい分勉強した。表通りに面したところは普通のガラスにしたのもその結果だった。ところが山本社長はがんとしてこれを許さない。全部ペア・ガラス——二重ガラスにやり替えろと厳命を下された」

建設会社もこれに泣かされたが、「いまとなってはおかげで、騒音の少ないりっぱなホテルの代表になっている」（山本為三郎翁伝編纂委員会編『山本為三郎翁伝』）。

安眠の場を提供するのがホテルの第一義であるとすれば、山本社長の厳命はまさに本質を突いていたと言えるだろう。若い頃から「ホテル通い」（同書）を楽しんでいた山本ならではの着眼点である。

従業員に特別の愛情を抱いた支配人

さて、新大阪ホテルは図16－2でも示したように「先進の八大施設」を導入して、おもてなしや運営に生かした。例えば、開業準備の段階から「地下にある電気操作室では、僅か一人の力で完全に制御できる「ワンマン・コントロール・オブザバトリー」に習熟するため、熱心に演習が続けられていた。客室、冷蔵庫などの温度や湿度の監視、温風の送り込みなど、あらゆる電気機能の中枢はここに集められ」（前掲『運鈍根』）、客室の居住性や使い勝手の向上を図った。

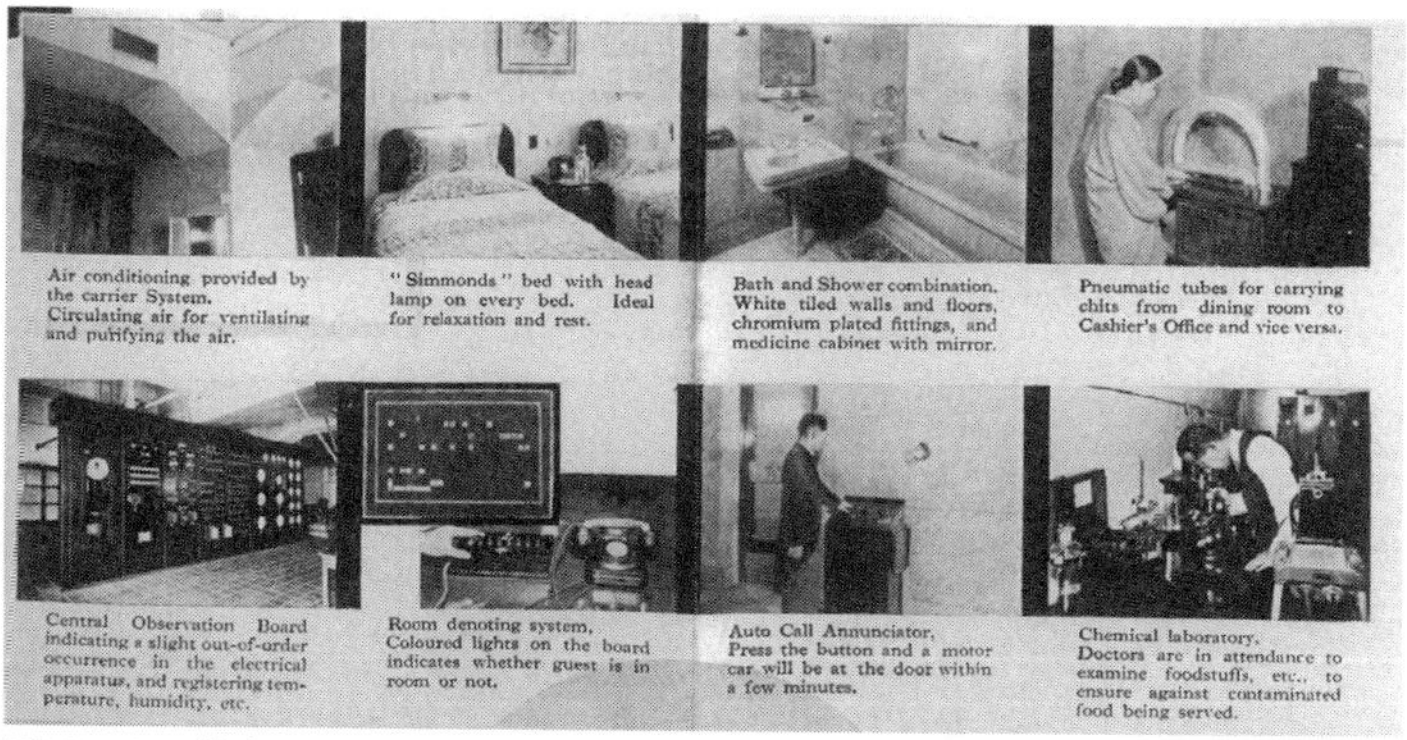

図16－2　英文パンフレットで紹介された「先進の八大施設」。伝票を即送して会計を迅速にしたヌーマチック転送管、自動車を素早く呼び出せるオートコール、ベッドでの読書に便利なヘッドランプなど最新設備がおもてなしに一役買った。

その一方で、郡司支配人は「従業員たちに特別の愛情を抱い」た（同書）。「従業員の一挙手一投足が、そのままそのホテル全体の評価にかかわってくる」からだ。また、ホテルの品位は「従業員の教養と接客への訓練がその重点をなす」と考えたという。郡司は激励する。

「失敗を恐れるな。君たちの失敗はこの俺の失敗と思って受け止めるから、心配しないで、一生懸命やってくれ給《たま》え」

そして、それぞれの分野で努力し、ホテルに貢献した従業員に対しては即刻賞を与えて、表彰するようにした。実は郡司はかつて欧米で修業していて、その経験から客ばかりでなく従業員の心を見抜く必要性を学んでいた。それで、このような新しい発想を持ち込んだのである。

さまざまな知恵と工夫を結集した新大阪ホテル。後身のリーガロイヤルホテルの時代になっても、皇室に利用されて「西の迎賓館ホテル」の地位を保っているのは、こうした先進性と伝統のたまものだろう。

第17話　名ホテリエ、それぞれの流儀

名ホテリエは、それぞれ独自の流儀で「おもてなし度」を深めてきた。ある人は握手で、またある人は現場を隅々まで見回ることでスタッフの志気を高め、顧客とのコミュニケーションを深めていった。ホテルのいいところと旅館のいいところを融合させようとしたホテリエもいた。優れたホテルは、まさに個性豊かなホテリエの手腕によって築かれていったのだった。

戦勝国の元帥もただの宿泊客

一九四五年（昭和二十年）八月三十日、厚木飛行場に降り立った連合国軍総司令部のダグラス・マッカーサー元帥は、日本統治の最初の数日間を横浜のホテルニューグランドで過ごした。かつて二度目の結婚相手と滞在したホテルだった。

出迎えたのは同ホテルの会長・野村洋三である。彼は威厳を保った姿勢で、次のように接した（図17—1）。

「失礼ながら、自分は支配人ではない。ここの持主である。よくおいで下さった。当ホテルの主《あるじ》と

図17―１　野村家から私家版として発行された２年後の1965年（昭和40年）には、神奈川新聞社からも発行された『野村洋三伝』。

して謹んで貴方に敬意を表する。お泊りになられる間は、出来るだけのサービスを尽すつもりでいるから、なんなりと言付けていただきたい（略）」（野村洋三「最高司令長官を最初に泊める」「文藝春秋」一九五六年八月号）

この野村の言動からは、敗戦国側の卑屈な態度はまるで感じられず、「いま思うと、随分滅茶なそして思いきった挨拶をしたものだと、われながら失笑を禁じ得ない」と記しているが、「元帥といえども私の眼から見れば、飽《あ》く迄《まで》もただの宿泊人と変りはなかったのである」と、当時の心情を吐露している。

戦勝国側の統治者に対してまったく恐れを抱かずに、野村はホテリエの職務に徹したのだ。いわば敗者が勝者をもてなすというのは、接遇での究極の構図になるのだが、では、野村の英語はどうだったのか。のちのホテルニューグランド会長・原範行によると、「発音は日本式な感じですが、しっかりした英語を話される。マッカーサーはそういう方に対するリスペクトは非常にしたと思うんです」（原範行／吉田鋼市／バーリット・セービン／松信裕「座談会 ホテルニューグランドの80年」「有鄰」第四百七十八号）ということだった。それにしても、野村はなぜ、このようなホテリエとしての姿勢を貫くことができたのだろうか。

「太平洋の橋」となるつもりで

欧米で視野を広げた野村は、外国人に本物の日本美術を知ってほしいと願うようになり、古美術店のサムライ商会を開業した。一八九四年（明治二十七年）、二十五歳のときだった。

野村は、アメリカから帰国する一八九一年（明治二十四年）、のちに『武士道』の著作でも有名になる新渡戸稲造と同船して知己を得る。

白土秀次の『野村洋三伝』によると、間もなく三十歳になろうとする新渡戸はこのとき、野村に「英語をもって日本と外国の思想を普及させるために、太平洋の橋になりたい」と語っている。この言葉が野村を刺激し、古美術商を思い付かせたのである。

そして野村は、一九三八年（昭和十三年）、六十八歳でホテルニューグランドの会長に就任する。先の『野村洋三伝』が「英、米、仏の外国語をよくし、年来の友人を海外に多く持っていたことは、ホテル経営の代表者として、これ以上の適任者はいなかった」と記したように、ホテルにとっては願ってもない人選だった。

やがて野村は、ホテルの利用客やスタッフと盛んに握手を交わすようになる。一九六五年（昭和四十年）に亡くなった際、親友で世界的な仏教哲学者の鈴木大拙《だいせつ》が「君は実にミスター・ハンドシエークの権化であった」（同書）と弔辞を贈ったように、みんなから「ミスター・シェイクハンド」と呼ばれて評判となった。

なぜ熱心に握手を交わすようになったのか。野村は、滞米生活と古美術商での経験が大きかったと、一九六四年六月十四日付の「日本経済新聞」で回想している。

「若いときアメリカで生活したこと、サムライ商会で外人や多くの知人、友人、先輩と接触したこと、そんな経歴のためホテルの業務にたずさわってからの私に、いつしか握手という習慣ができた」（「握手こそわが人生」）

ミスター・シェイクハンドの誕生

野村は、住まっていたホテルニューグランドの一室で朝六時に起きると、ラジオを聞いたりテレビを見たりして過ごし、七時になると、階上のボーイたちのところに行って握手をする。彼らの労をねぎらうためである。

それから食堂に出て朝食をとり、すべての客の席に回って握手をする。昼食やお茶の時間も、夕食のときも同じことを繰り返す。音楽を演奏するバンドマンにも握手をする。ひたすら握手の一日なのだ。

外国人の女性にも手を差し伸べる。野村は、それが非礼だとわかっていてもやめない。

「当年九十四歳の高齢になっているし、海外にも私の握手は知られているようだから、人は大目に見てくれているようだ」。自然に振る舞っていたので、いやみには感じられなかったのだろう。

野村は、この習慣を続けるうちに、握手という行為が単なる挨拶や礼儀ではなくなり、何か東洋的なものに変わっていったと言う。それは、どういうことなのか。

「握手によって、私は相手に自分の生きていることを伝え、喜びと感謝の念を伝える。（略）相手が横を向くようなら、私はまだ感謝の念が足りないと、いっそう努める気になる」(前掲「握手こそわが人生)。野村にとって握手とは、客やスタッフに感謝の念を伝える手段だったのである。

さらに言えば、握手を交わした人々は膨大な数にのぼるだろうが、覚えているか覚えていないかは、さして重要ではなく、「一期一会《いちごいちえ》の精神で、そこに人間交流が生じているというそのことが大事なのだ」と述べている。

一期一会とは、一生のうち、一度しか会えないような不思議な縁のこと。となれば、目の前のこの客に精いっぱい尽くそうと思えるはずで、自然、おもてなしも深まるというものだろう。野村はこういう気持ちで人々に手を差し伸べていたのだ。

もう一歩近づくための握手

ホテル業界には、もう一人「ミスター・シェイクハンド」と呼ばれた人物がいる。東京ヒルトンホテルやキャピトル東急ホテル(現ザ・キャピトルホテル東急)に在籍した加藤健二である。

一九六六年(昭和四十一年)、東京ヒルトンに入社した加藤は、ハウスキーピングに配属された。そこで彼はある日、宿泊者名簿を見て名前を覚え、外国人の宿泊客に対して名前を呼んで挨拶した。すると、その客は驚いた。若いボーイに名前で呼ばれるとは思ってもみなかったからである。

驚くと同時に機嫌をよくした客は加藤に握手を求めた。このとき悟ったのである。

「そうか、お客さまは名前を呼ばれることに喜び、握手することでコミュニケーションを取るんだ」(拙著『キャピトル東急ホテル物語』)

それからというもの、加藤は握手を意識するようになった。先の野村とはやや意味合いが異なるが、客に一歩も二歩も近づくために握手をするようになったのだ。加藤は自著でこう記している。

「特に初めて宿泊するお客様を覚えるには、意識を集中する必要があります。そのためにも、握手は大切な行為です。

お客様が到着したら、まずコミュニケーションを取るために握手し、（略）握手をしながら会話をすることで、話の「なまり」やイントネーションなどから、特徴もつかむことができます」（加藤健二『1万人の顔と名前を覚えたコンシェルジュが教えるお客様がまた来たくなる極上のサービス』）

おもてなしの第一歩は、客を知ることから始まる。その有効手段が握手だということなのだ。

ホテルに住み込む総支配人

前述したように、「ミスター・シェイクハンド」と呼ばれた加藤健二は、客を知る手立てとして、また、客に一歩でも二歩でも近づく手段として、握手を活用した。その彼が「人生で最も大きな影響を与えてくれたホテルマン」として、リチャード・ハンデルの名を挙げている。

スイス出身のハンデルは一九七三年（昭和四十八年）に来日して東京ヒルトンの名総支配人として活躍した人物だが、加藤は著書『伝説のホテルマン「おもてなし」の極意』で、次のような話を披露している。前日、接待などでどんなに夜が遅くなっても、ハンデルは毎朝必ず八時にはロビーに姿を見せ、厨房まで見回っていたというのだ。それまでの総支配人はそこまでしなかったこと、またハンデルの巡回が現場にとって励みになっていたことにもふれている。ハンデルのこの行為は当然、サービスや料理に好影響を及ぼしたことだろう。

東京ヒルトンが一九八四年（昭和五十九年）元日にキャピトル東急ホテルになると、加藤はのちの総支配人に、ハンデルと同じことをしたほうがいいと勧めたという。

筆者も直接、ハンデルから話を聞いたことがある。加藤の著作によると、前日、夜が遅くなっても、毎朝必ず八時にはロビーに姿を見せていたということだったが、実は、早朝五時半には起床、朝食がすむと、ホテル内を巡回して七時には事務室に入っていた、と本人が語っていた。この習慣を可能にしたのには、一つの〝秘密〟があった。職住近接ならぬ職住同一、つまり、ホテルにリブ・インをしていたことが仕事に役立っていたのだ。

筆者は一九九八年、彼の〝住まい〟を訪ねて取材をしたが、そのときに次のように語っていた。

「ヒルトンでは、原則として、総支配人がホテル内に住むこと、つまり〝リブ・イン〟が義務づけられています。一室でもお客様に提供したほうがいい場合はホテルの外に住みますが、その例外を除いて、あらかじめ会社が決めた部屋に住まなければなりません」（「住んでみるとホテルがわかる、というのは本当か？」「自由時間」一九九八年三月号）

当時、彼は東京ヒルトンの代表を務めるほか、アジア・オーストラリア地区の社長として三十二軒のヒルトン・ホテルを統括していた。そうした立場であるにもかかわらず、ホテル内に居を構え、寸暇を惜しんで東京ヒルトンのなかを巡回していた。なぜ、そうするのかと尋ねると、彼はこう答えた。

「それは、多くの素晴らしい人に会えるという可能性があるからだと思います。ほかの仕事をしていたら、これほど多くの人と出会うことはなかったでしょうからね」

人と出会うことに喜びを感じる――これは「おもてなしの精神」を考えるうえで、非常に重要な感情だろう。逆に利用者の立場から見たとき、接遇する側が義務感で仕事をしているのではないかと少しでも疑問を感じたら、好感を持てないだろう。その行為はもはや、おもてなしと言えないからだ。ああ、喜んでやってくださっているのだな、と思えてはじめて、利用者は心地よく感じ、またこの人のお世話になろうと思うものだろう。

従業員の意識を高めるヴィジブル・マネジャー

このリブ・インについて、ハンデルはこうも述べていた。

「総支配人は、自分の存在を常に従業員の目に触れさせることも重要な仕事の一つです。目に見えるヴィジブル・マネジャーとなって、彼らの意識を高めることが大切で、それを初めて可能にするのがリブ・インなのです」

なるほど、そういう効果があるということなのだ。前出の野村洋三もリブ・インしていたからこそ、早朝からスタッフの労をねぎらうことができ、彼らの意識を高めることができたわけである。

考えてみれば、ホテルは二十四時間年中無休であり、サービスの質を常に最高水準に保とうとすると、総支配人の常駐が有効な手段になってくる。

「それで、ヒルトンの創業者コンラッド氏は、リブ・インという発想を持ち込んで、総支配人をホテルの中に住まわせました。理想に一歩でも近づけようとしたのですね」

総支配人にしてみれば、家庭よりも仕事を優先する気持ちでリブ・インすることになるだろう。「妻は、本当は外に住みたかったでしょうね。不平を口にはしませんでしたが、いつも人が出たり入ったりして、プライバシーはないに等しかったですから」

「おもてなしの精神」の裏には、こんな犠牲的な奉仕《サービス》もあったのだ。

なお、このリブ・インについて、戦後間もない頃、業界人でもない日本人が言及したことがあった。第1話でふれた徳川義親である。第1話で引用した彼の講演で、「サービスの仕方が今日まで日本では本当に研究されておらないと思います」と前置きし、その研究がこれから非常に大きな問題になるため、その具体的な解決法として「ホテルを経営する時に、そのマネージャ《(ママ)》は自分がホテルのお客になったつもりでなければならないのです。出来る事ならマネージャがホテルの一室に住んでいけなければならないと思います」と提案している（前掲「サービス論」）。

なぜ徳川がこのような考え方に至ったかというと、日本郵船の設備の点検や従業員の教育が行き届いているのは、船長や事務長、機関長が同船しているからだと気がついたからで、ホテルも同じことをせよと言っているのである。

「お客様の不満を感ずる多くの場合は、お客様の気持が判らないということだと思います。自分が住んではじめて判る。マネージャが普段日本の家に住んでおっては、西洋の生活の方法がわからない。サービスしようと思っても、マネージャの生活様式が違うから肝心な点がぬけるのです」（同書）

徳川は浴室の設備不足を具体例に挙げながら、「普段自分が使っておらないと、この不便さに気がつかないのです」と批判しながら、卓見を披露していた。

全ヒルトンの基本となった最初の訓示

総支配人をホテルに住まわせ、現場の状況をすべて把握させて組織力を強化し、おもてなしの質の向上を図る――ヒルトン創業者コンラッド・N・ヒルトンのこの発想の原点は、最初のホテルを手に入れたときまでさかのぼることができるようだ。

図17―2　コンラッド・N・ヒルトンの自伝 *BE MY GUEST*（Prentice Hall, 1957）。かつては東京ヒルトン・ホテルの客室にも置かれていたという。

一九一九年（大正八年）、テキサス州シスコでモーブリー・ホテルを買収した際、二十人あまりのスタッフを前にして、まだ三十歳にも満たないコンラッドは、立派な訓示をおこなった。自伝でこう記している（図17―2）。

「きみたちだけが、ほほえみのサービスを行なえる人たちだ。きれいな部屋、チリのないホール、新鮮なスープとシーツ。モーブリー・ホテルの評判の九〇パーセントは、きみたちの手のうちにある。もし、旅行者がシスコにモーブリー・ホテルありと考えるようになれば、きみたちの仕事は安定し、収入もよくなり、賃金も上がる。それは、あげてきみたちにかかっている」（コンラッド・N・ヒルトン『ヒルトン自伝』）

コンラッドがこの訓示を思い付いたのは、軍隊経験からだった。団結精神が成功に導くと考えたのだ。コンラッドは知己の銀行家にこう語っている。

「誇りと自発性だ。賃金がすべてではない。われわれは米軍海外派遣部隊の中でも最強の部隊に属しており、われわれ一人一人がそのような部隊を作り上げたのだ、という考えを、皆に植えつけることが必要だ」

誇りと自発性から醸成される団結精神——この精神風土が「全ヒルトン・ホテルの基本」になっていった。

金儲けのためにやろうという発想は間違いだ

さて時代は進み、場所もがらりと変わって、大阪での話である。ヨーロッパやアメリカの有名ホテル三十七軒を視察した後、ホテルを創業した人物がいる。ホテルプラザの創業者・鈴木剛《こう》である（図17—3）。

その視察旅行で得た結論は「木綿着のようなホテル」だった。鈴木は『随想 木綿着のホテル』で、こう記している。

「外国の人たちが日本へ来て、一番欲するものは、香りたかい日本文化である。はるばる日本へ来てみて泊ったホテルが、アメリカやヨーロッパのホテルと同じようなものでは、非常に失望するのではなかろうか」

同書には、海外にあるホテルの個々の印象は語られていないが、基本理念を考えるうえで、視察は非常に役立ったようだ。おそらく、視察しているうちに、欧米のホテルと同様のものを作ろうと

図17―３　ホテルプラザのパンフレット。独特の哲学があった経営者・鈴木剛が会長のまま亡くなった13年後の1999年に廃業、業界には大きな衝撃が走った。

いう意識よりも、日本独自のホテルを目指そうという考えのほうが強まっていったのではないだろうか。

そこで建設会社には「木綿の着ものでも、柄とか、品質とか、いろいろ選びかたによっては、おかしな絹の着ものよりも、ずっと良い着ものになる」ということで、シンプルなデザインのなかに、美しさを表現してほしいと依頼したのである。その結果、日本人客にも好感を持って迎えられたという。

こうした独特な考え方は、鈴木ならではだった、と言えるかもしれない。鈴木は元来が銀行家で、その後、大阪で最初の民間テレビ局の大阪テレビ、そして朝日放送の社長に就任した。

その際、放送局を建てたが土地が余った、ではどうしようと考えて、ホテルに行き着くのである。

その理念を前掲『随想 木綿着のホテル』で次のように記している。

「私はホテルという事業が、金の儲かるよい商売だ、金儲けのためにやろう、という発想から、ホテル事業を考え、はじめたものでは毛頭ない。

事実、ホテルが決して簡単に金儲けにつながる事業でないことも、よく知り抜いていた。

公共にサービスする事業として、このホテルをはじめたのである。創立当初から今日まで終始一貫、いかにすれば利用されるお客様がたに、よろこんでいただけるサービスを提供することができるか。これが、このホテルの経営方針の根幹になっている。（略）パーソナルサービスの徹底と、お客様への十分なサービスの提供。これが公共への奉仕である」

だから「利益追求一本やり、お客様に不快な念や不便を与えても、利潤さえあがればそれでよいのだ、という考えかたは、絶対に排除する」というのだ。

語気を強めて利益一辺倒を否定しているところが印象的だが、鈴木がこれ以上に強い哲学を述べた一文に出合ったことがある。大阪府編『無我愛の生』で、こう述べているのである。

「河上先生〔経済学の河上肇：引用者注〕は、人間はみな平等であるというお考えでした。一つのことをする時に、自分の利益だけを考えてはいけない。自分をなくして他人のために尽くすことの大切さを、無我愛とおっしゃったのです。

私は、ホテルというものは、これがなくてはいけないと思った。人さまを自分の所へ泊めて、ホテル自身が金を儲けて商売しようなんて、そんなことは人間のカスだと思うのです」

そして、周囲には「この仕事をやって儲けようという精神の者には、本当に親切味のあるホテルなんて、できるはずはないと絶えず言って」きたという。

チームワークを緊密にするために

こういう考えを持っていた鈴木は、スタッフの教育にも気を配った。例えば新人研修では、十人ほどのグループに分けて、食事作りなど共同作業やゲームをさせることで、まずチームワークの大切さを教えていった。そしてその後に、配属場所での仕事を具体的に教育していったという。

なぜ、チームワークを重視するのか。その理由を鈴木は一九六九年（昭和四十四年）四月の社内報でこう記している。

「一人でも、ムードを汚すような人がおれば、「あのホテルはサービスがよくない」と、誤解される。

だから、一人ひとりが立派なホテルマンであると同時に、全体としてこれをどう一体化するか、これが重要な問題となる。それには、どうすればよいのか。お互いが、一日も早くよく知りあって、気ごころのわかった仲間になることである」（鈴木剛『卆寿淡淡』）

そのチームワークを育てるために、社内報を発行したともいう。

また、従業員の誕生日には銀のスプーンを贈って喜びをともにし、各部署で売り上げの新記録が出ると大入り袋を贈って喜びの印にしたことも人の和に役立った、と前掲『随想 木綿着のホテル』で述べている。

「大入袋はすでに三十数回にのぼり、なかには家の柱にはりつけて、たのしんでいる人もある。

あたらしいホテルのなかでの、古い大入袋というしきたりであるが、斬新なことをやるだけが、おたがいの親睦を深めることではない。地道ではあるが、古い慣例のなかにも光を放つものが残っている。これを続けてゆくことによって、人の和、チームワークの緊密化がたかまってゆくように感じている」

上野駅前で客引きを経験して

一九九八年三月二十七日付の「朝日新聞」が、ある旅館の廃業を大きく報じた。その旅館とは、井伏鱒二の名作『駅前旅館』のモデルにもなった東京・上野駅前のまつの屋旅館のことである。記事には「親子以上の親切」「今後、どこに泊まればいいのか」といった顧客の声も載っていた。

まつの屋旅館は半世紀の間営業を続けたものの、昭和の時代は遠くなり、使命を終えたということで幕を閉じたのだが、のちに名ホテリエとなるある人物も、若いときに全盛時の駅前旅館の番頭たちに交じって〝客引き〟をしていたことがあった。ホテルオークラの副社長を務めた橋本保雄である。

一九五六年(昭和三十一年)のことだそうだが、当時橋本は山の上ホテルに入社したばかりで、次のように回想している。

「私の担当は東京の北の玄関、上野駅だった。(略)今晩宿の決まっていなさそうな、しかもあまり貧しげでない人を探して「もしお宿が決まっていらっしゃらないのなら、うちのホテルにお越し下さい」とやるわけである」(橋本保雄『感動を創る。』)

山の上ホテルの知名度がまだ低かった時代、信用を得るために、橋本は身だしなみを整えて勧誘した。苦労して獲得した客には、付きっきりでもてなしたという。

そして「以来お客様との触れ合いの大切さを知った私には、営業マインドが身について、常に客室が満室でないと満足できなかった」。「とにかく一生懸命やったことが、相手に何かしら感動を与えたのかもしれない。東京に出るときはおたくに泊まることにしたよ、と言って下さるなじみのお客様がたくさんできた」という。

「素人っぽい処が実にいい」

橋本が勤務した山の上ホテルは、一九五四年(昭和二十九年)に開業した。神田駿河台という場所柄、出版社や大学・教育研究施設が多く、橋本の記述によれば、ホテルは「学者や文化人、大学関係者や出版人を主な得意先と決めていた」。広告コピーにも「文化人のホテル」という表現が見られたほどである。

文化人のなかでも、とくに「作家の先生は、何というか世間一般とは常識を異にした方が多い。サービスする方も必死」で、橋本がここで学んだことも多々あったようだ。

さて、山の上ホテルは、その小さな規模に比して、これまでのホテル史に独特の存在感を示してきた。その要因は、橋本が述べたように、多くの作家に愛用されたからだろう。開業当初に利用したと思われる三島由紀夫が次のように記している。

「東京の真中にかういふ静かな宿があるとは思はなかった。設備も清潔を極め、サービスもまだ少し素人っぽい処が実にいい。ねがはくは、ここが有名になりすぎたり、はやりすぎたりしませんやうに」

三島は頼まれてもいないのに、ホテルの便箋にそう書いて経営者の吉田俊男に手渡したという。山口瞳も直木賞受賞後の一九六三年（昭和三十八年）、一週間ほど滞在して以降、たびたび利用している。その理由はこうだ。

「ここは小説家のために建てられたのではないかと思われるくらいに僕等に都合よく出来ている。僕は四百一号室に案内されるのだが、部屋は畳敷になっている。畳の上にベッドがある。日本机がある。それとは別に椅子とテーブルがある。つまり、坐って書く作家は日本机に向えばいいし、椅子に腰かけて書く人は洋机に向えばいい」（山口瞳『行きつけの店』）

また山口は、三島と同じことを書いている。

「従業員は、誰もが素人っぽく見える。初々しい。（略）しかし、どの従業員も話をしてみると、あるいは用事を頼んでみると、とても確《しっか》りしているのがわかる。もしかしたら、僕が山の上ホテルを好むのは、このことかもしれない」

筆者が以前に人事担当者から取材したときも、こう記した。

「山の上ホテルでは、採用担当者が東北や九州に出向き、面接を行ない、新卒者を雇用している。そのときの判断材料の一つに「垢抜けしすぎていない人」を考慮に入れる。

「最近は地方都市にも様々な情報が流れ、若者達の価値観が変わりつつある中、なるべく素朴な印象でホテルの社風に合う人を採用しております」」（拙著『東京のホテル』）

三島や山口が指摘した温かみが感じられる「素人っぽさ」は、長年にわたって大切にされてきた山の上ホテル流「おもてなしの精神」の特質だったのである。

広告から読み取れるホテル哲学

旭硝子を三十八歳で退職した吉田俊男は、その二年後に山の上ホテルを創業した。だから、彼自身がホテル業については素人《しろうと》だった。広告のコピーとして、吉田は次のように書き残している。

「ひとの真似はどうせできない　だから僕等はぼくらでしかできない日本の心でホテルをしようと言ふのです」

吉田は国文学者の吉田弥平を父に生まれた。また義兄には、俳人の水原秋櫻子《しゅうおうし》がいた。そうした環境にあったからか、文才があり広告コピーは自らしたためた。しかも、万年筆で清書したものを版下として使用した。

それだけに、広告から吉田のホテルに対する考え方が読み取れる。例えば、こうだ。

「ご自分のお家と違ひ　ご不便が多いことでせう　そこで　お気楽になるやうに　目立たない　心づかいを致すのが　私共の仕事です」

「手作りの味のホテル　料理のみならずサービス其他　すべてが手作り的なのです　かういふのを好きな方　おいで下さい」

「好きな旅館にはふるさとのなつかしさがある　ホテルはサッパリとした後味をのこす　両方の良さを生かせば　日本のホテルが出来るでせう」

広告文は、すべて旧仮名遣いだった。それは「吉田俊男の生き方でもあった。すべてに頑固と古風を通した」と記したのは、常盤新平である（常盤新平『山の上ホテル物語』）。

豪華な誕生日パーティーの裏で

また、吉田を「贅沢と質素の人」と評したのは、孫の森裕治である。森は『山の上ホテルの流儀』で、吉田の誕生日パーティーについてふれている。

毎年十一月十一日、最も大きな宴会場で盛大な宴が開かれるのだが、そこで出される料理は吉田の私費で賄われたものだったという。

「各レストランの料理長にお金を渡し、「これで好きなものを作れ」と三百人近くいる従業員一人につき、およそ三万円の料理を毎年振る舞っていたのです。

それによってやりがいを持たされた各レストランの料理人は徹夜してしまうほど料理に没頭していたようです」

吉田はなぜ、このようなことをおこなったのか。

「これはキッチンにいる料理人たちの勉強でもある」こと、そして「美味しいものを見て、味わい、知るということもホテルマンの仕事である」という社員教育の場でもあると考えていたのである。

そして、ひいては「山の上ホテルがお客さまに常に美味しいものを、適切な値段で提供したいという強い思い」があったから、豪華な誕生日パーティーになったのだ、と森は述べている。このパーティーは、メニューの研究開発の場でもあったのだ。

規模が小さかったからできたと言えばそれまでかもしれないが、だが、はたしてそれだけでできただろうか。

第18話　職人としての「酒の番人」、その心意気

「いいホテルにはいいバーがある」と言われてきた。そのなかで、重要な役割を果たしたのがバーテンダーだった。優れたバーテンダーは、酒に関する知識やカクテルの調製技術はもちろんのこと、人格からにじみ出る温かみと職人気質で常連客を引き付けた。

静寂を破る甲高い声を和らげた〝魔法〟

作家の村松友視が『帝国ホテルの不思議』で、次のような目撃談を披露している。

ある日の「オールドインペリアルバー」でのこと。静寂を破る甲高い声が聞こえた。周囲の客の会話が途切れ、時間が止まったような空気になった。だが、それは一瞬のことで、すぐに元の雰囲気に戻った。

このバーは、フランク・ロイド・ライトが設計したライト館の雰囲気をいまに伝える空間である。その落ち着いた佇まいに特段の人気があり、数多くの常連客がグラスを静かに傾ける。そういうバ

ーだけに、村松は甲高い声に違和感を覚え、その後の様子を注視した。

声の主は高齢の男性で、バーテンダーと上機嫌に会話を交わしていた。老人は甲高い声を発するものの、やがて「両者の会話は完全にスイングし、私の耳にも別のお客の耳にも違和感を与えることがなくなった」という。

のちにわかったことだが、その男性は常連客だったが脳梗塞を患い、その後遺症として言葉の不自由さが残った。それで言葉を発するときには甲高い声になってしまうのだった。

村松が感銘を受けたのは、それに対するバーテンダーの対応だった。

「ご老人の言葉の不自由さを知ったオールドバーのバーテンダーが、一度も聞き返すことなく、機嫌よく会話をつづけられるよう、ご老人の言葉を解読する訓練をした。（略）

そのご老人はたしかにＶＩＰ待遇の方だったのだろうが、おそらく上司からの方針とはかかわりなく、バーテンダーがカウンターの職人として、阿吽《あうん》の呼吸でそれぞれの対し方をあみ出していたのだろう」

村松は、彼らの交流をホテルのバーらしい伝説的なシーンだと思ったという。

そして村松はのちに『老人の極意』を上梓した際、次のように加筆している。

「このバーテンダーの心意気は素晴らしいものであり、まさにホテルのバーテンダーにふさわしい、客への対し方というものではなかろうか。

老人の病気の後遺症が、ホテルのメインバーのバーテンダーの能力を発揮させたとも言えるだろう。（略）老人のプライドのために、バーテンダーとして彼がこなした特訓の成果には感服せざるを得なかった」

　おもてなしの精神、ここに極まれり、という意味合いで最大級の賛辞を贈ったのだった。

客に尊敬されたバーテンダー浜田晶吾

「いいホテルにはいいバーがある」と言われる。いや、「いいバーがあるのがいいホテルなのだ」と言う人もいる。バーこそがホテルの主役と言いたげだ。その重要な舞台を取り仕切るのがバーテンダーである。

　かつて浜田晶吾という名バーテンダーがいた。名作カクテル「ミリオンダラー」を創作した人物である（浜田の上司であるグランド・ホテルの支配人ルイス・エッピンガーが創作したという説もある）。安藤更生が一九三六年（昭和十一年）に上梓した『銀座細見』で、浜田についてこう記している。

「私は浜田ほどのバーテンダーを見たことがない。（略）彼は早くから横浜のグランド・ホテルにあって外人間に名を知られた。彼の洋酒に対する知識、彼がシエ《ママ》カーを摑むときの仕草、それは全く堂に入ったものである。彼が一杯のウイスキーを入れ、ひと匙のリキュールを投じるとき、それはきわめて科学的な大医の投薬を見るような心地がする」

「客への応対ぶりも独特の味がある。取り上げてお世辞をいうのでもなければ、機嫌をとるものでもないが、一種彼の人格からにじみ出る暖みは一様にスタンドに立つ客をして尊敬させるようなものを持っている。客から「浜田さん」とさん付けにされるのは彼だけである」

　安藤がこう評した浜田は、このとき銀座のカフェー・ライオンに在籍していたが、どのような人物だったのか。鈴木昇監修、近代ジャーナル編集部編『バーテンダー今昔物語』に、浜田自身が経歴を語っている部分がある。「駆け出し」の頃を要約してみよう。

浜田は横浜に生まれた。十八歳のとき、ロンドンから来日した宣教師に仕え、外国人経営の英語専門学校に通学、その間に、宗教の道に進むよりも外国人と接する仕事で欧米諸国を歩きたいという夢を抱いた。そして、語学の勉強には国際的なホテルで働くのがいいと思い、グランド・ホテルでバーの見習い小僧として働き始めた。一九一二年（大正元年）のことだ。

やがて浜田は、技術を早く覚えようと決意してチーフ・バーテンダーのもとで修業を始める。先輩が教えてくれることを何回も聞くといやがられるので、気を使いながらメモをとって仕事を覚えていき、一九一四年（大正三年）にバーテンダーの肩書をもらえたという。

当時、グランド・ホテルは外国人客でにぎわっていた。パーティーともなると、日本人の風俗を見せるために浜田たち日本人従業員は紋付き袴姿でサービスに努めたそうだが、外国人客相手に、カクテルの調製技術や接遇の面で浜田は大いに鍛えられたのではないだろうか。だからこそ、客から尊敬されるまでになったのだろう。

ちなみに、前掲『バーテンダー今昔物語』が発行されたとき、翌年に八十歳を迎える浜田は東京バーテンダースクールの校長を務めていた。後進の指導にあたっては、次のように語っている。

「働く時の動作、私生活の態度、すべてにきびしさをもたねばなりません。ですからスクールでは〝人格〟の養成に重点をおき、卒業生がどこへ働きに行っても「いいバーテンダーだ」とおほめをいただかなくてはならない。つまり人物本位が何よりも大切だということです」

この言葉を聞くと、安藤更生の浜田に対する評価が真実味を帯びて伝わってくるようだ。

今井清はなぜマティーニに注目したのか

ある大学生が東京のパレスホテルでアルバイトをしていたときのことである。何人もの顧客がホテルのスタッフと思しき男性に挨拶しているのを見て不思議に思い、上司に「あの方はどういう人なのですか」と尋ねた。すると、上司はこう答えた。

「ああ、あの方はね、チーフ・バーテンダーの今井さんだよ」

以上は、パレスホテルが旧館を取り壊す直前に筆者が取材から得た逸話である（「お濠のほとりで半世紀」「週刊ホテルレストラン」二〇〇九年三月二十七日号）。

その大学生、三浦弘行は一九八〇年（昭和五十五年）にパレスホテルに入社してのちに五代目チーフ・バーテンダーになるが、今井に対する印象は入社後も変わらなかったという。

「オーラが感じられましたね。今井さんがカウンターにいないとき、姿を見せるまで待っているお客さまが何人もいらっしゃいました。二番手の吉田貢さんでも手出しができなかったんです」

その今井とは、一九三九年（昭和十四年）、前出の浜田が初代チーフ・バーテンダーを務めた東京會舘の酒場係となり、それを振り出しにして、のちに「今井マティーニ」で名を残した今井清のことである。

彼の生涯をまとめた枝川公一の『日本マティーニ伝説』に、こんな一文がある。

「今井さんのマティーニが絶品である所以は、客に応じた調製の確かさにあります。ヴェルモットの量をグラスに四ミリにするのか五ミリにするのか、その一ミリの違いで味を変化させ、相手の客にぴったりのものにしていきました」(前出の吉田貢の言葉)

マティーニはジンとヴェルモットの組み合わせだけで作られる。単純であるがゆえに、その配分で味わいが大きく変わると言われるカクテルである。その奥行きが深いカクテルに、今井は引き込まれたのだ。しかし、今井がマティーニに注目した理由はもう一つあった。前掲『日本マティーニ伝説』をもう一度ひもとこう。

「今井が、マティーニに魅かれたのは、それがサービスの原点をよく体現しているカクテルだからである。客へサーヴする気持ちがもっともあらわれ、客の側からすれば、自分のためにつくられていることをもっとも強く感じられるカクテルがマティーニに他ならない」

おもてなしの精神が最も込められるのがマティーニなのだ。だからこそ、今井はマティーニにこだわったのである。

そんな今井から良き薫陶を受けた前出の三浦が、一度だけ後悔したことがある。

三浦の前に毎日顔を出していた常連客が一週間ほど姿を見せないことがあった。久しぶりに現れた客にわけを聞くと、バーからの帰路で、階段を踏み外してけがをしてしまったという。

「思い起こしたら、そのお客さまには四杯のマティーニをお出ししていました。

マティーニは非常に強いお酒ですから、口当たりがいいと感じていても、知らないうちに一気に酔いが回ったりします。このとき、マティーニのご注文は三杯まで受けるようにしようと決めました」(前掲「お濠のほとりで半世紀」)

このように気配りすることも、バーテンダーのおもてなしの一つなのだというわけである。

人の飲酒動向の全体を把握する

バーテンダーはただ機械的にカクテルを作っていればいいわけではなく、その仕事の幅は広いようだ。

一八九七年（明治三十年）生まれ、日本人バーテンダーの第一世代とも言うべき秋田静六が、雑誌の取材で次のように回想している。

「私はこの帝国ホテルにいた間に、バーだけじゃなくて、食堂、宴会、ナイト・ウォッチと、洋酒に関わる一通りの修業を経験しました。

だって、バーだけしか経験していなくて食堂のことがわからなかったら、どうなりますか。ただカクテルをつくっているだけじゃ駄目なんです」（伊藤精介「名バーテンダー物語 第六回」「バッカス」一九八八年三月号）

秋田は十七、八歳頃まで京都ホテルのバーで働き、その後、帝国ホテルに入社した。「高架線の有楽町駅はありましたが、まだ閑散としてた」、そんな時代である。

では、なぜカクテルを作っているだけでは駄目なのか。

「一体、カクテルというのは、どういうときに飲むものなのか、たとえば食前酒としてのカクテルをつくるにしても、そのお客がどんな食事を食べようとしているのか、それなりの知識がなければアテンディング〔応対の意：引用者注〕できませんよ」

つまり、食前から食後まで、さらには就寝前の寝酒に至るまで、どのような酒がどのように飲まれるのか、人の飲酒動向の全体を知っていなければ、この仕事は務まらないというのである。大正時代の初めから、すでにこういうことに気づいていた日本人バーテンダーがいたのだ。

組織誕生の裏には危機感があった

最初の東京オリンピック（第十八回オリンピック競技大会）が開催される二年前の一九六二年（昭和三十七年）、ある小さな組織が結成された。それはホテルバーメンズ・ギルド（ＨＢＧ）といった。このＨＢＧはのちに、ホテルバーメンズ・クラブ（ＨＢＣ）、そして日本ホテルバーメンズ協会（ＨＢＡ）へと発展する組織である。

ＨＢＧは、東京の主要ホテル九軒の飲料部門の責任者が集まって結成された。目的は何だったのか、ＨＢＡの岡純一郎会長（当時）から話を聞いたことがある。

「東京オリンピック間近になりますとホテルブームが起きるのですが、その頃には旅行も活発になり、お客様の情報に対する反応も敏感になり始めました。すると、以前は世情に通じていたホテルバーマンも、次第にお客様に教えられることが多くなってきました。

このままではサービスの水準が保てなくなります。そこで、新しい知識や情報を交換することによって、お客様への対応を向上させようと、ＨＢＧを結成したのです」（拙著「ホテルバーマン今昔物語」、オータパブリケイションズ編『THE HOTEL BAR'93』所収）

利用者の情報量や経験値がバーマン（ホテル業界ではバーテンダーをこう称している）のそれを上

回る日がやってきそうだ、それでは満足なおもてなしができない――そんな危機感を抱いた一部のバーテンダーが自らの仕事の質の向上を図るために結束力を強めたのだった。

岡自身も、HBG結成後に開業したホテルニューオータニに入社すると、始業前に部下を集めて新聞を読ませる時間を作った。コーヒーを飲みながら読んであれこれ感想を話し合いながら、その日の出来事を頭のなかに入れた。この仕事でも客との対話が重要だとわかっていたからである。

岡は、東京・目黒の雅叙園観光ホテルを振り出しにこの世界に入った。ホテル利用者と言えば、ほとんどが外国人の時代の一九五二年（昭和二十七年）のことである。それから日本人客が次第に増えていくことになるが――。

「いまと違うところと言えば、まずビールをと注文するお客様はいなかったことですね。その頃のホテルバーのお客様はごく限られた人々でした。そのせいもあったのでしょうか、どこに座って何を飲むというスタイルをほとんどのお客様が持っていましたので、その人の癖を知ることが仕事でもありました」（同書）

バーテンダーは、顧客の嗜好をいち早く把握することでおもてなしに生かすのだった。

第19話　庭園は屋根がないもう一つの客室

日本の庭園は、平安時代に発展したと言われている。貴族が客人を招いての儀式や宴の場として利用したからだ。時代は下り、ホテルや旅館などの宿泊施設が誕生すると、庭園はそれらの空間のなかでも重要な役割を果たすことになる。かつての業界人は庭園をどう活用して、おもてなしに努めてきたのだろうか。

荒廃した名園を復活させた経営者の才覚

後述するように、古来、庭園は客人をもてなすための重要な空間になっていたが、現代のホテルや旅館でも同じことが言えるだろう。

東京・恵比寿のウェスティンホテル東京は近年、イギリスのチェルシーフラワーショーでの金賞受賞経験がある景観アーティスト・石原和幸を起用して、庭園を整備し直した。庭園が持つヒーリング効果を高めたいと、ホテルが考えたからである。面積はそれほど広くはないが、多彩な植物が織りなす緑の世界は、都会の喧騒を忘れさせてくれる。

二〇一六年の夏、筆者はここで、わずかだが、ホタルの輝きを見ることができた。住み着き始めたかわいらしい小さな生命が持続することを願うばかりだ。

一方、二〇一五年に創立六十周年の節目を迎えた藤田観光の象徴的存在・ホテル椿山荘東京。同ホテルから見下ろせる椿山荘庭園は、屈指の名園で知られている。だが、この場所は実は戦災で一度焼け野原になっている。緑の復興に大きく貢献したのは、初代社長の小川栄一。彼の慧眼があればこそ、歴史ある名園がいま、人々の心を和ませているのだ。

椿山荘の一帯は、一三〇〇年代の南北朝期にはツバキが自生する景勝地になっていたそうだ。明治時代には元勲《げんくん》と評価された山縣有朋公爵が私財を投じて約二万坪（六万六千平方メートル）の土地を一八七八年（明治十一年）に入手、造園しながら椿山荘として本邸を構えた。

是方法光『椿山荘選書 歴史』によると、山縣は自身で全体計画や細部の意匠を指導しながら、当時東京を代表する庭師だった岩本勝五郎に施工を依頼し、今日の椿山荘庭園の原型を作り上げたという。その特色は、役石《やくいし》を据えるという定石を用いず、「周囲の自然や風景をも庭園内に取り込み、おおらかで明るい構成を持った自然主義の庭と称されるもの」で、この新しい庭園の魅力があってか、政・財・官界の第一人者たちがしばしば訪れ、会議を開いたという。椿山荘が政治の重要な舞台となるのに、この庭園が一役買っていたようだ。

やがてこの椿山荘を、藤田組の二代目当主・藤田平太郎男爵が、一木一石も旧観を損なわないことを条件に譲り受けた。一九一八年（大正七年）のことだ。その七年後には、広島県東広島市の篁山竹林寺《たかむらさんちくりんじ》から三重塔を譲り受けて移築した（この三重塔は奇跡的に戦火を逃れた）。

このような由緒ある椿山荘庭園が戦災で荒廃してしまい、その光景を目にした小川が復興を目指すことになるのだが、それには一つの背景があった。

一九三四年（昭和九年）、銀行の貸付課長を務めていた小川は、破産寸前で荒れ果てていた豊島園（石神井川とその周辺の自然を生かし、四万三千坪〔十四万千九百平方メートル〕の広さで一九二六年に開園）の社長に就任して、緑の景色をよみがえらせた実績があったのだ。自著『あわてなさんな』で、小川は当時をこう記している。

「東京の人口は（略）約六百万人、その全人口の九割は庭のない人々であった。この庭なき人々のために、共通の緑をつくろうとしてあらゆる努力を傾けた」

このときの成功体験が椿山荘復興に向かわせたと回想している。また、祖父の存在が大きかったことも明かしている。

「私の祖父は、庭園や果樹園について、たいへん熱心な人だった。全国から果樹を集めたり、庭造りにあたってはみずから植木職を指図したり、七十七歳の生涯を終るまで緑とともにくらしていた」

そして得た座右の銘が、「Nature is my teacher」（自然こそわが師）だった。だからこそ、毛利家に仕えた庭師・小俣宗一を筆頭に三十人の植木職人を常雇いにするという思い切った手を打って、椿山荘の復興を手がけたのである。

支配人は庭園の守り番

このように、植栽をやり直したとはいえ、ホテル椿山荘東京は遺産を存分に活用した例として見ることができるが、もう一つ、庭園の遺産を守り継いで、おもてなしに役立てているホテルがある。ツツジの庭園で有名な箱根・芦ノ湖畔の山のホテルだ。

このホテルは、三菱財閥の岩崎小弥太男爵が一九一一年（明治四十四年）に建てた別邸を国際観光が譲り受け、四八年（昭和二十三年）に開業したものだが、岩崎別邸の時代からツツジの庭園が整備され、三菱の社員が招かれての園遊会も催されていた。岩崎男爵が留学先のイギリスから珍しいシャクナゲの品種をわざわざ取り寄せたこともあった。岩崎男爵自身が造園に熱心だったのだ。

そんな伝統を、ホテルは守り続けてきたのである。一九五八年(昭和三十三年)から七〇年(昭和四十五年)まで支配人を務めた山田太郎が、次のように述べている。

「毎年のように増築していたころは庭園の一部に客室を建てたらと考えたこともありましたが、今は庭園に手をつけなくてよかったと思っています」(山のホテル企画・発行の小冊子『The history of half century』)

宿泊客の増加に合わせて目先の営業を優先していたら、この大切な庭園の姿も変わっていただろうと山田は回想するのだ。またこの小冊子には、こんな一文も掲載されている。

「毎日庭園を回り、草木の様子を見て歩く……ときには支配人自ら花摘みをしたり、山芋の蔓《つる》を切ったり。支配人は、庭の守り番でもあるのです」

「ツツジは環境が変わるのを極度に嫌い、五十株植えても、しっかり根付くのは一割程度。日ごろの手入れはもちろん、三十種三千株のツツジを守るために、現在でも別邸時代以上の努力が続けられています」

来館者が喜ぶツツジの名園は、こうした入念な手入れによって保たれているのだった。

庭は屋根のない部屋である

筆者が伊豆のある旅館に訪れたときのこと。しとしとと雨が降るなか、庭師たちが雨がっぱ姿で庭木を丁寧に剪定している光景を座敷から見たことがあった。それは映画の一場面か一幅の絵画のようで、偶然とはいえ、それだけで心が和み、改めて庭園の魅力に気づかされたものである。

だが、少し前まで、旅館の庭園はその存在価値を発揮できずにいたという。一九六二年（昭和三十七年）に発行された『旅館の庭』に、こんな一文が載っている。

「従来まで、とかく旅館の庭というものは等閑視され、無味乾燥な空地同然な庭が、それとも化《ば》け燈籠《とうろう》をところかまわず、これみよがしに庭に立てた、成金趣味の庭のどちらかであった。庭もまた建物の一部であり、美のひとつである」

同書は、本来ならば、庭の飛石や敷石一つにしても旅館・ホテルの主人が心して配置し、客の心を和ませるように努力しなければならないと説いている。その理想からすれば、現状（同書の発行当時）は憂うべき状況にあるという。

昨今は、個人で観賞庭園を作ることが難しくなっている。だから「庭の美しさを楽しみ、庭を愛《め》でるのは旅館においてしか、その渇きをいやし得ない」と主張する。こうした要求に対して、これからの旅館・ホテルは新しい認識を持ってほしいと論じているのである。

では具体的には、どうすればいいのか。まず、歴史ある名園を見て、その様式美や造園美を学ぶ。そして、専門家に相談する前に、自分なりの構想を立てることが肝心だという。

ただし、名園に学ぶといっても、名園が築かれた当時と現代（同書の発行時）では時代が違い、旅館やホテルが例えば禅寺風の枯山水庭園を模倣するのは愚かなことだと断じる。あくまでも現代の生活に溶け込んだ、自由に足を踏み入れて自然が楽しめる庭にすべきだという。

一見、素人には難しそうではあるが、工事をよく見守り、自分の構想を実現させていくことが第一条件である、とも教えている。

「庭もまた客間（部屋）の延長であり、客のくつろぐ、屋根のない部屋である」のだから、決しておろそかにはできないというのである。

同書が発行されたのは、東京オリンピック開催の二年前。同書によると、当時は、一九五八年（昭和三十三年）に開催されたブリュッセル万国博覧会の観光宣伝映画コンクールで、『日本旅館』がグランプリを受賞し、観光地としての日本に世界的な関心が高まっていたという。そういう時代だけに、市内の旅館でも工夫して坪庭などを作るべきだと説いていた。今日でも同じことが言えるのではないだろうか。

庭園旅館と銘打っていた老舗

規模の大小を問わず、人を魅了してきたのが庭園である。

箱根・宮ノ下のその旅館は一万五千坪（四万九千五百平方メートル）の庭園を有していた。江戸中期（一六八八年から始まる元禄年間）の創業で、明治天皇・皇后も滞在したほか、各界名士に愛された。今日、エクシブ箱根離宮が営業する地にあった奈良屋旅館（図19―1）である。

二〇〇一年に閉館した同館は、それまでに二度の大火を経験したため、一八八七年（明治二十年）建設の本館と七棟の離れで構成されていたが、それでも国の有形文化財に登録された。

その奈良屋旅館が文化財の建物以上に自慢していたのが庭園だった。パンフレットでは「庭園旅館」と謳っていた。

高額の相続税問題などで営業が継続できず、残念ながら三百年の歴史に幕を下ろしたが、それほど長期間営業できた理由の一つは、その広大な庭園にあったのではないだろうか。

一方、小さな庭が客を魅了する例も少なくない。

坪庭が美しい京都の名旅館・炭屋の主人だった堀部公允《こういん》は「私の坪庭」という一文で、坪庭を「座敷の内から座った目線で愉しむために造られた、きわめてパーソナルな庭」と説明して、庭師がいればこそ、坪庭の美しさを保つことができるのだと秘密を明かしている。

「昔から京の庭師たちは、こんな庭づくりが実に巧みであった。わずか二、三坪の空間でさえ彼らの手にかかれば（略）もう、たちどころに情趣ある景色を構成してしまうのである。こうした技の確かさは、永い伝統がつくりあげた日本の型として受け継がれているので、手馴れた仕事なのだろ

図19―１　江戸時代には本陣の役割を務め、2001年に閉館した奈良屋旅館のパンフレット。緑深い小さな渓谷もあり、箱根の深山に迷い込んだかのような気分にさせてくれるのも評判の一つだった。

うが、その洗練された趣味性と絶妙のバランス感覚は尋常のものではない」（内藤忠行『宇宙のかたち』所収）

同じく京都の名旅館・俵屋。こちらのおもてなしを紹介したNHK・BSプレミアムの『京都ふしぎの宿の物語』（二〇一五年放映）には、こんな男衆が登場する。彼は、庭の日陰の植物であるコケやシダの水やりと掃除が担当なのだが、ゴミやチリは指先で拭うという丁寧な仕事ぶりを見せていた。ほうきを使うと、植栽が荒れてしまうからだ。

そして「お客さまになったつもりで、部屋から見て整えます」と語っていた。たかがコケやシダ、とは言えないのだ。この男衆には、奥の深い「おもてなしの精神」が感じられた。

坪庭よりもさらに小さな庭をおもてなしに活用する例もある。宴会のテーブルに設ける盆景がそれだ。実際に土を盛り、本物の植物で小さな庭を作り込むのである。温室を保有する富士屋ホテルがこれに熱心だった。

また、富士屋ホテルでは水車小屋の模型を使用して、水を循環させたミニチュア・ガーデンを創作することも少なくない。実際に手がけた温室係の磯崎一美は、筆者にこう説明したことがあった。

「盆景やミニチュア・ガーデンというのは、注文の内容や季節によってその構成が変わりますが、盆景では温室内の生花を利用し、苔を配して鉢を隠し、あたかも自然の中で花が咲いているように表現します。ミニチュア・ガーデンの場合は、家や動物などの模型を置いたり、池を作って小さな魚を泳がせたりします」

また、こうも述べている。

「全体のデザインや配置には、見本があるわけではなく、作り手のセンス次第なんです」(富士屋ホテル130周年実行委員会企画・編集『Legend of history Fujiya Story 130年の贈り物 富士屋色の時間』)

磯崎は本を調べ、展覧会に足を運び、芦ノ湖までコケを採取しにも行った。苦労して作ったミニチュア・ガーデンを見た客の間から歓声が上がると、磯崎の心にも喜びが満ち溢れたという。

庭が旅館の中心だった

改めて言えば、規模の大小にかかわらず、旅館やホテルでの庭園の存在価値は存外、大きいものであるようだ。

東京の水道橋という都心に位置しながらも、閑静な雰囲気を漂わせる庭のホテル東京の庭園は、こぢんまりとした庭でありながら、その名のとおり、このホテルを大きく特色づける存在になっている。

同ホテルの社長で総支配人でもある木下彩は、この地で祖父母が一九三五年(昭和十年)から経営していた旅館・森田館にも庭があったことを自著でこう回想する。

「幼いころに過ごした森田館では庭が旅館の中心にあり、私は毎日庭で遊んだり植栽を眺めたりしていました」(木下彩『「庭のホテル東京」の奇跡』)

その庭には池があり、草木が豊かに繁っていた。子ども心にも落ち着いた気持ちになったという。そのような思い出がいま、このホテルのおもてなしに生かされているのである。

さらに加えると、宿泊客専用のバルコニー空間にも小さな庭が設けられている。設置の理由はこうだ。

「空中庭園と言うと大げさですが、宿泊者がリラックスできる屋外の空間がほしかったのです」

その結果、「バルコニーの小さな庭は、私たちが予想した以上にお客さまに好評で、他ホテルとの差別化にもなっているようです」と述べている。

心に何かを訴えかけてくる庭の石

再び、広大な庭園に目を向けてみよう。ホテルニューオータニは一九六四年（昭和三十九年）に開業した際、顧客向けに小冊子を発行したが、そのなかで施設内容を説明した後、一万二千坪（三万九千六百平方メートル）の庭園にふれている。当然のことながら、庭園がホテルにとって重要な存在だと認識していたからだろう（パンフレットでも「庭園美も自慢の一つです」とPRしていた）。

その小冊子では、創業者・大谷米太郎が収集した巨大な赤石などを紹介して、「日本の庭における石の役割は大きく、置き方一つで庭の雰囲気は変わってしまいます」と解説している。確かに平安時代の『作庭記』は冒頭に「石をたてん事」と記し、石の重要性を示している。

ただし、同ホテルの小冊子は「石や岩を鑑賞するに、複雑な、哲学的な、むずかしい考えは必要ありません」と説く。「石や岩のたたずまいは、現代生活の喧騒から逃れようとするひとの心に、深く訴えるものがあるのです」と述べている。ただ眺めるだけでも、何かが伝わってくるというのだろう。庭園は、まさに心を癒す装置だと言いたげで、その観賞を促していた。

庭園文化が成熟した京都で

そもそも日本の庭園は、自然をミニチュア化させる手法によって発展したと言われている。作庭の世界には「庭屋一如《ていおくいちにょ》」という言葉があり、これは庭と建物、つまり自然と人間の間には境はなく、一体であるという思想を示している。この考え方は、平安時代の京都で広まったもので、平安貴族は客人を招いての儀式や宴の場として利用するなどして、庭園文化を進化、そして深化させてきたという。平安時代の後期、十二世紀のことである。つまり、庭園はおもてなしの舞台として長い歴史を重ねてきたわけである。

この歴史は洋の東西を問わず見られたと、専門家は指摘する。

「庭園は、とくに饗宴の場として整えられた。（略）バロック庭園〔十七世紀頃：引用者注〕が本来の姿を発揮してもっとも華やぐのは盛大な饗宴のときだが、普通の小規模な宴会は不断におこなわれた。（略）大名庭園も将軍やその近親者・側近などをもてなすためだけでなく、大名同士や、大名と家臣の宴会の場として、より頻繁に利用された」（白幡洋三郎『庭園の美・造園の心』）

庭園は単なる鑑賞芸術の場ではなかったのである。

ただし、近代に入ると、日本では建物と庭の緊密な関係が著しく後退したという。「建築家は建築設計のみを手がけ、庭は庭園家の領分として分化してしまった」と、建築史家の米山勇は「明治の庭園 大正の庭園」（「緑と水のひろば」第七十九号）で指摘している。

最高の「もてなし」は美しい庭園

それでも明治期の、迎賓館ホテルの機能を備えていた鹿鳴館では、その緊密な関係が保たれていた。米山はこう述べる。

「その庭が和洋折衷で作られたことはあまり知られていない。(略)鹿鳴館を訪れる国賓や外国の外交官たちは(略)「和+洋」の庭を通り、「洋」の建物へと誘われたのである」

「一、二階とも庭に面してベランダが設けられていたから、人びとは建物から庭を眺めることができた。〈建築―庭〉の緊密な連続性をコンドル〔設計したジョサイア・コンドル:引用者注〕は強く意識して、総合的な「もてなしの空間」を設計したのである」

同様の関係は、コンドルが設計した旧岩崎邸洋館や旧島津邸洋館などでも見られ、「建物から眺める庭の美しさ、それが接客における最高の「もてなし」だとコンドルは考えていたに違いない」と結論づけている。

二十四歳の若さでイギリスから来日したコンドルは、十六年後の一八九三年(明治二十六年)に『LANDSCAPE GARDENING IN JAPAN』を上梓している。

「コンドル設計の日本庭園は分かっているかぎりは日本人の手になり、コンドル設計の例は知られていない」(藤森照信「コンドル先生の不思議」、アルシーヴ社編『鹿鳴館の夢』所収)が、その一方でコンドルは外国人では初めてとされる日本庭園の研究書を書き上げているのである。庭園に対する関心の高さがやはり、鹿鳴館などでも生きたということなのだろう。

なお、「東京人」一九九七年七月号に載った鈴木博之と藤森照信の対談で、コンドルのこの著作が江戸時代の『築山庭造伝』を下敷きにしていること、イギリスの日本庭園がコンドルの著作を参考に造園された例が多かったこと、アメリカの日本庭園ブームはコンドルから始まったことなどが述べられていた。

庭を有機的に取り込んだ建築家ライト

当時おもてなしの空間で庭園が重要であることを理解していたのは、もちろん、コンドルだけではない。帝国ホテルを設計したフランク・ロイド・ライトがそうだった。前掲『帝国ホテルの120年』は、ライトと庭園について次の一文を載せている。

「ライトの言に従えば、「庭を建築の本質的な要素として有機的に取り込んだ」もので、「帝国ホテルは多くの庭からなる一つのシステムとして設計された。周囲より一段低くつくられた幾何学的洋風庭園も、張り出したテラスの庭も、バルコニーもそうである。回廊もまた庭であり、屋根も庭なのだ。こうして全体の配置の中で多くの庭が相互に浸透しあうように存在するようになる。日本は庭園の国（Gardenland）なのである」」

この一文は、ライトの『IN THE CAUSE OF ARCHITECTURE, The Western Architect』（一九二三年）に記されたものだという。

一九二三年（大正十二年）にできあがったライト館の正面入り口には、池が配された。「訪れる者は中央前面の池を迂回して奥にある玄関にいたる。ライトが記したように、まず〝庭〟がお客様を迎える構造であった」（前掲『帝国ホテルの120年』）

ライトと言えば、プレーリーハウス（草原住宅）と呼ばれる住宅建築を創案したことで知られる。自然との融和を目指した住宅だが、この彼独自の設計思想が違う形で帝国ホテルにも生かされたようだ。

鹿鳴館でも時代を経て完成した帝国ホテルのライト館でも期せずして、庭が重要視された。国を代表した迎賓館ホテルは、まさに同じ思想によって設計されたと言ってもいいのかもしれない。

名人・七代目小川治兵衛の活躍

ところで、日本の庭園文化は先に述べたように平安の京都を中心に進化した歴史がある。そのため、京都には名園が多く存在するが、まさに、そんな京都の土地柄から生まれたホテルがある。都ホテルだ。

都ホテル（図19―2）は、吉水園を前身として一八九〇年（明治二十三年）に創業した。見晴らしがいい丘陵地に、松や梅、桜などを植えて、風雅な茶亭や竹床などを設けた一種の庭園である。開園後も花木を増やして遊歩道を整備、翌年には席貸も営業品目に加えた。席貸とは、座敷を婚礼や茶事、俳句・書画などの会といったように、さまざまな会合に供するもので、一九〇〇年（明治三十三年）にはホテルに発展するが、そのことが不思議ではない業種だった。

その都ホテルが戦前、パンフレットで「庭園」という項目を設けて、こうPRしている。

「京洛の名勝東山の翠巒《すいらん》〔青々とした山の峰：引用者注〕に接したホテル後方の大自然郷を含む庭園

図19－２　1933年（昭和８年）に落成した都ホテルの、３段に流れ落ちる雲井の滝と茶室待合席を写した絵はがき。小川治兵衛の作である雲井の滝、その名は首相経験者の清浦奎吾伯爵の命名。

内には、広大な芝生、興趣の楽焼窯、瀟洒な茶亭、百花爛漫の花壇と温室（略）等の設備があります。そして天然の谿丘〔谷や丘：引用者注〕や苔径〔苔むした小道：引用者注〕等造園の妙諦と融合して、花に、新緑に、紅葉によく、畿内の新名所と自薦するに足るものがあります」

都ホテルは、先述したように、吉水園時代から庭園の整備に力を入れていた。その過程で、植治の屋号を持つ名人・七代目小川治兵衛に作庭を託した歴史がある。その最初は一九〇四年（明治三十七年）で、三三年（昭和八年）には彼の最晩年の作庭が見られた。

尼崎《あまさき》博正は『七代目小川治兵衛』で、彼の最後の仕事ぶりをこう記している。

「高低差約十五メートルの斜面全体を利用して滝を三段に落とすという雄大なプランは、無隣庵や碧雲荘の三段滝のスケールをはるかに凌いでいる。（略）山腹を流れ下った疏水の水が滔々《とうとう》と池に注ぐ情景は、まるで一幅《いっぷく》の絵を見ているかのようである」

この光景を見て、どれほどの人が心を癒されただろうか。

近年の都ホテルは、一九六〇年（昭和三十五年）に営業を開始した離れ座敷風の数寄屋造り客室棟・佳水園にも庭園を設けて、創業百周年を迎えた九〇年には、森のなかを歩ける探鳥路を設けた。後者は社員の提案で作ったという。

なお、ホテル・旅館としては、小川治兵衛作庭の庭園は、東京・六本木の国際文化会館でも見ることができる。前出の山のホテル同様、前身は三菱財閥の岩崎小弥太別邸であり、その時代の一九二八年（昭和三年）から三〇年にかけて手がけられたものである。同会館が竣工した五五年（昭和三十年）以降、会員制度によってここに宿泊した内外の著名な研究者や文化人は、庭園を眺め、散策しては、議論で疲れた心を和ませたにちがいない。

第20話　それは一つの作品から始まる

ホテル・旅館内には、必ずと言っていいほど、絵画や彫刻などの芸術作品が見られるが、何をどう飾るのかという作品の選択には、そのホテル・旅館ならではの「おもてなしの精神」が反映される。そして来館者は、作品を通してホテルに対する愛着を覚えるのである。

建物に生命を吹き込む芸術作品

二〇一五年五月二十九日、ＮＨＫのＥテレで『墨に導かれ　墨に惑わされ　美術家篠田桃紅《とうこう》１０２

歳』という番組が放映された。墨を用いた抽象画家の桃紅と言えば、ザ・キャピトルホテル東急の作品でも有名だが（正確に言えば、前身の東京ヒルトンホテルの時代から。滞在したスイートルームの彼女の作品を見て、ビートルズのジョン・レノンが感銘を受けたという）、この番組では、コンラッド東京のロビーに掲げられている高さ五メートルの大きな作品『人よ』が取り上げられていた。

桃紅は、同ホテルから「世界からお見えになるお客さまのために、花鳥風月の趣を表現してほしい」との依頼を受け、半年間、担当のアート・プロデューサーに相談しながら、アトリエで想を練った。

そして完成間際、現場では周囲の制止を振り切って作業用リフトに乗り、手直しを施すことまでしたという。それほどの熱の入れようだった。

番組では、二〇〇五年開業当時の副支配人マーカス・シューラーがこう述べていた。

「ホテルの最後のピースが展示されると、そこに「生命」が宿りました。ホテルが単なる建物から生き物になった重要な瞬間でした」

世界の優秀作品でおもてなし

ホテル・旅館には、さまざまな芸術作品が飾られる。意外なものでは、ザ・ペニンシュラ東京のレセプションの土壁が挙げられる。これは左官技能士・挾土《はさど》秀平の作品だ。「版築」と呼ばれ、七十もの土の層が美しく重ねられている。なかには、〝美術館ホテル〟と呼べるようなところもある。

ホテル雅叙園東京には、前身の目黒雅叙園時代の日本美術が横溢していて、シャングリ・ラ　ホテル東京には二千点の作品が掲げられているという。

過去に目を転じると、かつての強羅ホテル（箱根）では、五十点から六十点の名画を所蔵していることをパンフレットで宣伝していた（図20―1）。

芸術家を納得させるような収集品でもてなしたホテルもある。版画家の池田満寿夫は『私のひいきの宿』で、長野市の長野ホテル犀北館をこう評している。

「なによりも犀北館が気に入ったのは社長の近山与四郎氏の書画骨董に関する情熱で、全館の装飾

図20―1　「ART MUSEUM HOTEL」とパンフレットで謳っていた強羅ホテル。三岸好太郎や三岸節子、東郷青児らの名作50点から60点を所有していたという。1938年（昭和13年）に開業して、98年に廃業した。

品が筋の通った良き趣味で統一されている気持ち良さである。料理にも郷里の味を重視している気のくばりがうれしい。それ以降、犀北館が私の常宿になった。岡本太郎さんも愛用しているという」

ここに一冊の画集がある。『美術コレクション』と題したもので、ホテルナゴヤキャッスルチェーン（当時）が創業二十周年を記念して、ホテル所蔵美術約四百五十点のなかから八十点を選んで掲載したものである。例えば、荻須高徳、佐伯祐三、中川一政、東山魁夷などの著名な画家の作品が収録されている。

当時の社長・梅島貞が記している。

「われわれが美術品の収集に努力しております所以《ゆえん》のものは、すなわち世界の優秀な作品をもってホテル全館を飾り、典雅のふん囲気のなかに、皆様をおもてなしいたしたいためであります」（ホテルナゴヤキャッスルほか所蔵美術品カタログ制作委員会編『美術コレクション』）

美術作品で館内を飾ることもまた、おもてなしの一つの手法であると考え、収集したというのだ。言い換えれば「おもてなしの精神」を芸術作品に託したわけである。

創業三十周年を記念して発行された『名古屋城のほとりで』（国際観光ホテルナゴヤキャッスル30年史編纂委員会編）にも、このように記されている。

「全客室に最低一点はかかっており、一、二、三階ロビー、レストラン、廊下、階段の踊り場など至るところに絵を見ることが出来る。

とくに一階、ウィンザー（コーヒーラウンジ）横の廊下はキャッスルギャラリーとして毎月、月替りで十数点の絵を展示しているが、これを楽しみにウィンザーにコーヒーを飲みに来られるお客がいるほどである」

まさにホテルのなかの美術館と言える様子だったが、この芸術に対する強い思いは、一九五六年（昭和三十一年）開業のホテルニューナゴヤ時代から始まるものだったようだ。だからだろう、創業四十周年記念事業では、当初千円の入場料を予定していた愛知・岐阜私立美術館名品展を無料にしてホテルで十日間開催した。その結果、三万二千人を集客したという。

ホテルは無料の美術館

「美味しい食べ物やしゃれた会話、美しい窓越しの風景と同じようにアート作品と接することもホテルの楽しみ方の一つである」

これは、ホテル日航東京（現・ヒルトン東京お台場）の展示作品を監修した伊藤隆道の一文である（『FINE ART IN THE HOTEL』）。ホテルに飾られる作品は、美術館とは違って自由に鑑賞できるところが魅力で、だから、楽しみも倍加するというのが伊藤の持論だ。

前出の強羅ホテルやホテルナゴヤキャッスルのように、芸術作品を楽しみにそのホテルを利用した客がいるのも道理である。

古くは、こんな例もあった。

一九三五年（昭和十年）に開業した新大阪ホテルでは、内装を担当した笹川慎一と交流があった画家の協力で作品が集められたというが、その一環で、二階の喫茶室には小磯良平の名作、貴婦人を描いた『コスチューム』が飾られた。

それからしばらくたったある日、こんなことがあったという。この絵の前でお茶を楽しむ女性たちを小磯がスケッチで描いた。そして、小磯はそのスケッチを使ったコラム記事を新聞に寄稿した。その内容は残念ながら不明だが、女性たちは、まさか、目の前の作品を描いた画家が自分たちの前にいるとは思ってもみなかったのではないだろうか。いや、もしかしたら、小磯は自己紹介して彼女たちと言葉を交わしたかもしれない。いずれにしても、そのときの穏やかでほほ笑ましい光景が目に浮かぶようだ。

気品ある小磯の作品『コスチューム』。新大阪ホテルのおもてなしを象徴するような存在になっていたのではないだろうか。

掛け軸から抽象版画へ

一つの芸術作品がホテルになじんでいくと、その作品がホテルを象徴する存在になっていく。来館者のなかには、それを見て「また、お世話になるよ」と心でつぶやく人もいるかもしれない。

そんなホテルを象徴する作品は、奈良ホテル（ロビー）での上村松園の小品『花嫁』から帝国ホテル（ランデブーラウンジ）での多田美波の幅二十五メートルにも及ぶ大作、通称『光の壁』に至るまで、その種類も大きさもさまざまだし、事例は枚挙にいとまがない。見る者にとって、あるいはホテルにとって、時間の経過とともにその作品は不可欠の存在になっていくのではないだろうか。

芸術作品をここまでおもてなしに活用するのか、と思わせる旅館がある。山下柚実『客はアートでやって来る』で詳細に紹介された、板室温泉（栃木県那須塩原）の大黒屋だ。

創業が江戸時代以前にまでさかのぼるという歴史ある同館の経営を一九八六年（昭和六十一年）に引き継いだ室井俊二は、先代とは違う経営スタイルを築きたいと思い、客室の床の間にあった掛け軸をすべて外してしまった。

だが、それに代わるものは何だろうか、と常に問いながらも、その答えを簡単に見いだすことができなかった。二年ほどは、画廊を巡ってさまざまな作品にふれて過ごしたという。

室井が最終的に選んだのは、村井正誠《まさなり》の抽象版画だった。七十点ほどをまとめ買いして、館内の模様替えをおこなった。それから幾年月。いまでは美術展が催されるまでになっているが、室井はなぜ抽象画を選んだのか。

「私は、いったいこれは何なのかと興味を持って、何度でもみたくなってしまう作品が好きなんです」

客も室井の興味に触発されて、抽象版画に引かれていく。スタッフも「アートは、お客様の動線を自然に変えてしまう。そんな不思議な力があることを知ったのです」と語っていた。

現代アートで埋め尽くされた客室

一つの絵画作品を飾るだけにすぎなかったホテルが、美術展を開くようになる。大黒屋のほかにも、ホテルオークラや京王プラザホテルなどの取り組みがよく知られている。二〇一六年には、ホテルオークラが二十二回目を迎える「秘蔵の名品　アートコレクション展」を開催（第15話を参照）、京王プラザホテルでも恒例の第三十六回「有田・伊万里 やきもの夏まつり」を開催した。

その京王プラザホテルでは、珍しいイベントがおこなわれたこともあった。現在、日本ではたった二人になってしまったという浴場背景画絵師・丸山清人によるライブ・ペインティングである。実際に見て、丸山の迷いがない筆さばきに年季を感じた。できあがった富士山の背景画は銭湯文化の紹介パネルとともに同ホテルの南館ロビーに一カ月間飾られ、ことに外国人客はこの絵を背景に記念撮影を楽しんでいた。高尚な芸術作品でなくても、人気が得られたのだ。

さて、そんななか、もう一つ大きな話題になっているのが、ロビーや客室を積極的に美術品で飾ろうというホテルの登場だ。

その代表例が二〇一一年に開業したホテルアンテルーム京都である。同ホテルは学生寮を改装したもので、従来にない発想で美術装飾に取り組んでいる。ロビーは一カ月や二カ月の単位で作品を入れ替えるギャラリーになっていて、客室内の作品にも値付けがなされている。近年は、一人のアーティストが客室を一つの作品として仕上げるコンセプトルームも設けられるようになった。

もう一つは、パークホテル東京の「アーティストルーム」である。

これは二〇一二年末から始まっていて、客室の壁紙に新進気鋭のアーティストが絵を直接描いたりして、客室全体を一つの作品に仕上げたものである。

二〇一五年六月十七日付の「毎日新聞」も「客室を「和」のアートに」の見出しで、次のように大きく報じている。

「和の現代アートで埋め尽くすユニークなおもてなしが外国人客に受け、「ここに泊まりたい」と口コミで予約が集まる人気ぶりだ」

最終的にはワンフロア三十一室がすべて絵画で埋め尽くされることになる予定だが、筆者がホテルから聞いた話では、この試みは開業十周年の事業としてスタッフの発案から始まったという。そして、費用を抑えるために、新進画家を起用して企画の実現を図ったのである。

出発点はさまざまだが、アートなおもてなしは、今後も重要度を増して注目を集めることになるだろう。

参考文献

◆はじめに――近代のおもてなし事始め

村野藤吾「創建の頃、前後」、志摩観光ホテル編『浜木綿』所収、志摩観光ホテル、一九七九年

川口四郎吉「回想三十年」、同書所収

山崎豊子「わが作品のふるさと」、同書所収

加藤祐三『黒船異変――ペリーの挑戦』（岩波新書）、岩波書店、一九八八年

斎藤多喜夫「日米宴会合戦」「横浜」二〇〇四年夏号、横浜市

小泉武夫『幻の料亭・日本橋「百川」――黒船を饗した江戸料理』新潮社、二〇一六年

M・C・ペリー著、F・L・ホークス編纂『ペリー提督日本遠征記』下、宮崎壽子監訳（角川ソフィア文庫）、KADOKAWA、二〇一四年

江守奈比古『懐石料理とお茶の話――八代目八百善主人と語る』上（中公文庫）、中央公論新社、二〇一四年

サミュエル・ウェルズ・ウィリアムズ『ペリー日本遠征随行記』洞富雄訳（「新異国叢書」第八巻）、雄松堂書店、一九七八年

東京都公文書館編『延遼館の時代――明治ニッポンおもてなし事始め』東京都公文書館、二〇一六年

ジョン・ラッセル・ヤング『グラント将軍日本訪問記』宮永孝訳（「新異国叢書」第二輯九）、雄松堂書店、一九八三年

福地享子「明治の仏蘭西《フレンチ》料理三角地帯《トライアングル》」「料理王国」二〇〇七年七月号、料理王国社

山内秀文の論評、同誌

◆第1話　創業以来の社是「至誠」のおもてなし

山口正造『簡易ホテル用英和会話』富士屋ホテル、一九一六年

徳川義親「サービス論」、東京都総務局観光課編『観光の理論と実際――第一回観光講座全集』所収、東京都総務局観光課、一九四九年

山口堅吉編『富士屋ホテル八十年史』富士屋ホテル、一九五八年

箱根町立郷土資料館編『外国人の見たHakone――避暑地・箱根の発見』箱根町立郷土資料館、一九九七年

川名鍬次郎編著『ホスト・トゥ・ザ・ワールド――悔いないホテルマン人生』竹村喜久子、一九八四年
犬養道子『ある歴史の娘』中央公論社、一九七七年
岡田吉三郎「山口正造氏の思い出」「ホテルレストラン」一九六七年四月号、オータパブリケイションズ

◆第2話　和の意匠でお出迎え
レジス・アルノー「東京に残る伝統美を「破壊者」から守れ」「ニューズウィーク」二〇一四年七月一日号、阪急コミュニケーションズ
トーマス・マイヤー「なぜ日本のモダニズム建築に着目したのでしょうか？」「カーサ・ブルータス」二〇一五年九月号、マガジンハウス
野田岩次郎『財閥解体私記――私の履歴書』日本経済新聞社、一九八三年
「トーマス・マイヤー、杉本博司と日本のモダニズム建築を語る。」、前掲「カーサ・ブルータス」二〇一五年九月号
野田岩次郎／ホテルオークラ編『日本の文様とホテルオークラ（改訂版）』ホテルオークラ、一九八二年
前掲「山口正造氏の思い出」
前掲『簡易ホテル用英和会話』
箱根町教育委員会編『箱根の近代建築 富士屋ホテル』（One coin シリーズ）、箱根町教育委員会、二〇一四年
富士屋ホテル編『富士屋ホテル花御殿富士ビューホテル新築落成記念』富士屋ホテル、一九三六年
山口堅吉編『山口正造懐想録』富士屋ホテル、一九五一年
中村芝鶴「ホテル懐かし記――箱根富士屋ホテル」「Hotel Review」一九五六年四月号、日本ホテル協会

◆第3話　送迎と遊覧案内も腕の見せどころ
大井達也「銀座東急ホテルを見て」「Hotel Review」一九六〇年十月号、日本ホテル協会
犬丸徹三『ホテルと共に七十年』展望社、一九六四年
宮原安春『軽井沢物語』講談社、一九九一年
南満州鉄道編『南満州鉄道株式会社十年史』南満州鉄道、一九一九年

南満州鉄道編『南満州鉄道株式会社十年史　第2次』南満州鉄道、一九二八年
山田三平「旅館経営者の声」「平原」第五号、満鉄鉄道部旅客課、一九二三年
三原重俊「各ヤマトホテル支配人から」、同誌
川勝堅一『サービス』ダイヤモンド社、一九五九年
山口堅吉編『回顧六十年』富士屋ホテル、一九三八年
金谷眞一『ホテルと共に七拾五年』金谷ホテル、一九五四年
薬師寺知曨／不老町人編『名勝解説 地獄めぐり――別府案内』亀の井自動車従業員共済会、一九二八年
◆第4話　旅館のくつろぎをホテルに盛り込む

林愛作「理想的なホテル」「サンデー毎日」一九二七年七月三十一日号、大阪毎日新聞社
遠藤陶『帝国ホテルライト館の幻影――孤高の建築家 遠藤新の生涯』廣済堂出版、一九九七年
◆第5話　サービス料制度が生まれたもう一つの理由

横山正男『洋食の食べ方と洋服の着方』大阪屋号書店、一九二五年
水野正夫『チップの本』五月書房、一九八九年
『帝国ホテル労働組合50年史』編纂委員会編『帝国ホテル労働組合50年のあゆみ』帝国ホテル労働組合、一九九六年
河西静夫『激動の昭和観光史――一ホテルマンより見たるその裏面』オータパブリケイションズ、一九九〇年
岸衛『観光立国』（再版）、東京ニュース通信社、一九五七年（初版は一九四七年、新月書房）
清水正己『商業から見た欧米都会見物』日本評論社、一九二四年
高久甚之助「接客の実際」、前掲『観光の理論と実際』所収
荒川晃『下呂温泉とともに』水明館、一九七九年
B・H・チェンバレン／W・B・メーソン『チェンバレンの明治旅行案内――横浜・東京編』楠家重敏訳、新人物往来社、一九八八年
前掲『ホテルと共に七十年』

高橋保雅「サービスについて」、東京都建設局公園観光課編『観光叢書』第五集所収、東京都、一九五二年
深井甚三『江戸の宿――三都・街道宿泊事情』(平凡社新書)、平凡社、二〇〇〇年
夏目漱石『坊っちゃん』(新潮文庫)、新潮社、一九五〇年
横山正男「日本式旅館の茶代廃止に就いて」、前掲「平原」第五号
中村美佐雄『旅館研究』オール旅行社、一九四二年
「旅館の研究 茶代と心付に就て(意識調査)」「新旅行」一九二七年六月号、温泉の日本社
日本交通公社社史編纂室編『日本交通公社七十年史』日本交通公社、一九八二年
ジャパン・ツーリスト・ビューロー編「クーポン旅館案内」ジャパン・ツーリスト・ビューロー、一九三四年
「クーポン旅館券利用番附」「旅行日本」一九三四年六月号、東京ツーリスト倶楽部

◆第6話　外国人旅行者が惚れ込んだ日本のホテル

東急ホテルチェーン編『東急ホテルの歩み』東急ホテルチェーン、一九九〇年
チャールズ・アップルトン・ロングフェロー『ロングフェロー日本滞在記――明治初年、アメリカ青年の見たニッポン』山田久美子訳、平凡社、二〇〇四年
エライザ・ルアマー・シッドモア『日本・人力車旅情』恩地光夫訳(有隣新書)、有隣堂、一九八六年
ラドヤード・キプリング著、ヒュー・コータッツィ/ジョージ・ウェッブ編『キプリングの日本発見』加納孝代訳、中央公論新社、二〇〇二年
リチャード・ゴードン・スミス『ゴードン・スミスのニッポン仰天日記』荒俣宏/大橋悦子訳、小学館、一九九三年
イザベラ・バード『日本奥地紀行』高梨健吉訳(東洋文庫)、平凡社、一九七三年
申橋弘之『金谷カテッジイン物語――日光金谷ホテル誕生秘話』文藝春秋企画出版部、二〇一七年
セザール・Z・ラヌーサ/グレゴリオ・F・ザイデ『日本におけるホセ・リサール』木村毅訳、アポロン社、一九六一年
E・カヴァリヨン「明治ジャポン一八九一」、C・モンブランほか『モンブランの日本見聞記――フランス人の幕末明治観』所収、森本英夫訳、新人物往来社、一九八七年
フランツ・フェルディナンド『オーストリア皇太子の日本日記――明治二十六年夏の記録』安藤勉訳(講談社学術文庫)、講談

社、二〇〇五年
ハーバート・G・ポンティング『英国特派員の明治紀行』長岡祥三訳、新人物往来社、一九八八年
都ホテル編『都ホテル100年史』都ホテル、一九八九年
エドワード・シルヴェスター・モース『日本その日その日』石川欣一訳（講談社学術文庫）、講談社、二〇一三年
ヒュー・コータッツィ『維新の港の英人たち』中須賀哲朗訳、中央公論社、一九八八年
京都ホテル編『京都ホテル100年ものがたり』京都ホテル、一九八八年
野村みち『ある明治女性の世界一周日記――日本初の海外団体旅行』神奈川新聞社、二〇〇九年
ジャパン・ツーリスト・ビューロー訳編『外人の見た日本の横顔』ジャパン・ツーリスト・ビューロー、一九三五年
亀の井ホテル編『別府温泉御遊覧の志を里』亀の井ホテル、一九二七年
志多摩一夫『油屋熊八伝――別府観光開発の偉人』別府市観光協会、一九七九年
帝国ホテル編『帝国ホテルの120年』帝国ホテル、二〇一〇年
テオドール・フォン・レルヒ『明治日本の思い出――日本スキーの父の手記』中野理訳、中外書房、一九七〇年

◆第7話　外国人は旅館に何を感じ、何を求めたか

イザベラ・バード『完訳 日本奥地紀行2――新潟―山形―秋田―青森』金坂清則訳注（東洋文庫）、平凡社、二〇一二年
前掲『チェンバレンの明治旅行案内』
重松敦雄『旅と宿――日本旅館史』国際観光旅館連盟、一九七七年
前掲『維新の港の英人たち』
前掲『明治日本の思い出』
江野沢恆「米国旅行団より日本旅館への希望」「旅」一九二九年十月号、日本旅行倶楽部
F・ロックウッド「日本旅館に泊る」、前掲『外人の見た日本の横顔』所収
大塚陽一『サービス読本』元裕社、一九三六年
オリバー・スタットラー『ニッポン歴史の宿――東海道の旅人ものがたり』三浦朱門訳、人物往来社、一九六一年

◆第8話　渋沢栄一が残した言葉
前掲『ホテルと共に七十年』
前掲『帝国ホテルの120年』
前掲『日本交通公社七十年史』
ジャパン・ツーリスト・ビューロー編『ビューロー読本』ジャパン・ツーリスト・ビューロー、一九三一年
毎日新聞社編『旅情一〇〇年』毎日新聞社、一九六八年
鉄道省国際観光局編『観光事業十年の回顧』鉄道省国際観光局、一九四〇年
鉄道省国際観光局編『TEA CULT OF JAPAN』TOURIST LIBRARY:1、国際観光協会、一九三七年
井上萬壽蔵『観光読本』無何有書房、一九四〇年

◆第9話　コンシェルジュの組織力を支えるもの
ホリー・スティール／デルタ・コリンズ『究極のサービス――コンシェルジュのすべて』長田有司／藤原雅子／多桃子訳、日経BP出版センター、一九九五年
ジョルジュ・シムノン『メグレ間違う』萩野弘巳訳（メグレ警視シリーズ）、河出書房新社、一九七六年
ナン&アイヴァン・ライアンズ『シャンパン・ブルース』矢野浩三郎訳、角川書店、一九八五年
新田善三郎『ホテルマンの基礎知識』柴田書店、一九六五年
「ホテルのコンシェルジュの運用事例」「週刊ホテルレストラン」一九九三年八月二十日号、オータパブリケイションズ

◆第10話　日本には和服姿の〝天使〟がいた
竹谷年子『笑顔が幸せを運んでくれる――帝国ホテルが教えてくれたこと』大和出版、一九九二年
名古屋観光ホテル社史編集委員会／電通名古屋支社企画・編集『名古屋観光ホテル五十年史』名古屋観光ホテル、一九八六年
前掲『都ホテル100年史』
奈良ホテル編『奈良ホテル物語』奈良ホテル、一九九一年
田口八重『おこしやす――京都の老舗旅館「柊家」で仲居六十年』栄光出版社、二〇〇〇年

前掲『旅館研究』
高橋保實『行届いた旅館と不行届の旅館の一昼夜』神田屋商店、一九二四年
谷崎潤一郎「旅のいろいろ」「文藝春秋」一九三五年七月号、文藝春秋（『陰翳礼讃 改版』〔中公文庫〕所収、中央公論社、一九九五年）
名古屋鉄道局金沢運輸事務所編『サービス読本（旅館女中用）』北陸温泉協会、一九三五年
細井勝『加賀屋の流儀――極上のおもてなしとは』ＰＨＰ研究所、二〇〇六年

◆**第11話　自然を心から賛美する**

清家清「野尻湖プリンスホテル」「新建築」一九八五年二月号、新建築社
林謙一『野尻湖――報道写真集』フォトタイムス社、一九四〇年
荒川久治『野尻湖国際村物語』信濃毎日新聞社、一九九〇年
前掲『英国特派員の明治紀行』

◆**第12話　厨房という小宇宙の内と外で**

村上信夫／高橋忠之『料理長』柴田書店、一九八六年
辻静雄『フランス料理を築いた人びと』鎌倉書房、一九七五年
白土秀次『ホテル・ニューグランド50年史』ホテル・ニューグランド、一九七七年
岩崎信也『ホテル料理長列伝』柴田書店、一九八三年
辻和成『高橋忠之「料理長自己流」』柴田書店、一九九八年
富田昭次『ホテル博物誌』青弓社、二〇一二年
Ｈ・Ａ・フィリップス「旅は先ず食べて寝て」、前掲『外人の見た日本の横顔』所収
高橋豊太郎／高松政雄／小倉強『高等建築学』第十五巻、常磐書房、一九三三年
桜井省吾／安藤勝弥『ホテルの厨房』ダイヤモンド社、一九四九年
中村裕／富田昭次『理想のホテルを追い求めて――ロイヤルパークホテル和魂洋才のおもてなし』オータパブリケイションズ、

二〇一四年

◆**第13話　約束事を理解してもらうために**

エドモンド・ネランク／ジャン＝ピエール・プーラン『よくわかるフランス料理の歴史』藤井達巳／藤原節訳、同朋舎出版、一九九四年
田辺英蔵『海軍式サービス業発想――砲術参謀新田善三郎の先見に学ぶ』ダイヤモンド社、一九八四年
ヴィッキ・バウム『グランド・ホテル』牧逸馬訳、中央公論社、一九三二年
鉄道省編『観光地と洋式ホテル』鉄道省、一九三四年

◆**第14話　おもてなしの担い手を育てる**

前掲『旅と宿』
宮本常一編著『旅の民俗と歴史1　日本の宿』八坂書房、一九八七年
小林道彦『東京ＹＭＣＡ国際ホテル専門学校60年史――努めて旅人をもてなしなさい』東京ＹＭＣＡ国際ホテル専門学校、一九九五年
前掲「山口正造氏の思い出」
前掲『回顧六十年』
「立教大学ホテル研究会創立50周年を迎えて（編集部）」「立教観光クラブニュース」第七十一号、立教大学観光学部岡本研究室、一九九九年
「就職難のない楽園 日本に唯一つの国際ホテル学校を訪う」「主婦之友」一九三七年四月号、主婦之友社

◆**第15話　あの人が愛用した理由とは**

藤原義江『流転七十五年――オペラと恋の半生』主婦の友社、一九七四年
牛島秀彦『藤原義江――歌と女たちへの讃歌』読売新聞社、一九八二年
大倉雄二『男爵――元祖プレイボーイ大倉喜七郎の優雅なる一生』文藝春秋、一九八九年

川端康成「大倉さんのホテル」『川端康成全集』第三十四巻、新潮社、一九八二年
前掲『おこしやす』
石坂昌三『小津安二郎と茅ヶ崎館』新潮社、一九九五年
志賀直哉「城の崎にて」『志賀直哉全集』第二巻、岩波書店、一九七三年
志賀直哉「暗夜行路」『志賀直哉全集』第五巻、岩波書店、一九七三年
金志虎「日吉館の宿帳と會津八一の投宿記録」、早稲田大学會津八一記念博物館編『日吉館をめぐる人々 會津八一と奈良』所収、早稲田大学會津八一記念博物館、二〇一五年
青山茂「日吉館の星霜」、太田博太郎編『奈良の宿・日吉館』所収、講談社、一九八〇年
藤懸静也「足立博士の思い出」、同書所収
池辺史生「日吉館今昔」、同書所収
安藤更生「日吉館繁盛記」、同書所収
桑田泰三「奈良の名物旅館」、同書所収

◆第16話　知恵と工夫を結集させて――「西の迎賓館ホテル」誕生秘話

前掲『ホテルと共に七十年』
「水都を飾る新大阪ホテルの豪華版開く」「アサヒグラフ」一九三五年一月三十日号、東京朝日新聞社
ロイヤルホテル編『RIHGA ROYAL HOTEL――リーガロイヤルホテル70年の歩み 1935-2005』ロイヤルホテル、二〇〇五年
「また消えた〝古きよき時代〟――大阪・中之島 新大阪ホテルの廃業」「週刊朝日」一九七三年九月十四日号、朝日新聞社
郡司茂『運鈍根――ホテルマン50年』毎日新聞社、一九七七年
第一ホテル編『夢を託して――第一ホテル社史』第一ホテル、一九九二年
犬丸徹三「半生の記 第二十五回」「Hotel Review」一九六三年一月号、日本ホテル協会
山本為三郎翁伝編纂委員会編『山本為三郎翁伝』朝日麦酒、一九七〇年

◆第17話　名ホテリエ、それぞれの流儀

野村洋三「最高司令長官を最初に泊める」「文藝春秋」一九五六年八月号、文藝春秋
原範行／吉田鋼市／バーリット・セービン／松信裕「座談会 ホテルニューグランドの80年」「有鄰」第四百七十八号、有隣堂、二〇〇七年
白土秀次『野村洋三伝』神奈川新聞社、一九六五年
富田昭次『キャピトル東急ホテル物語――伝説のホテルはこう築かれた』オータパブリケイションズ、二〇一〇年
加藤健二『1万人の顔と名前を覚えたコンシェルジュが教えるお客様がまた来たくなる極上のサービス』日本実業出版社、二〇〇七年
加藤健二『伝説のホテルマン「おもてなし」の極意』（アスキー新書）、アスキー、二〇〇七年
富田昭次「住んでみるとホテルがわかる、というのは本当か？」「自由時間」一九九八年三月号、マガジンハウス
前掲「サービス論」
コンラッド・N・ヒルトン『ヒルトン自伝――ホテル王の告白』広瀬英彦訳（「世界の企業家」第六巻）、河出書房新社、一九六九年
鈴木剛『随想 木綿着のホテル』日本経済新聞社、一九七九年
大阪府編『無我愛の生――わが人生はパーソナル・サービス』（なにわ塾叢書）、ブレーンセンター、一九八四年
鈴木剛『卆寿淡淡』日本経済新聞社、一九八六年
橋本保雄『感動を創る。――トップホテルマンが語る実践「サービス学」入門』TBSブリタニカ、一九八九年
山口瞳『行きつけの店』TBSブリタニカ、一九九三年
富田昭次『東京のホテル』（光文社新書）、光文社、二〇〇四年
常盤新平『山の上ホテル物語』白水社、二〇〇二年
森裕治『山の上ホテルの流儀――多くの作家に愛されてきた秘密とは』河出書房新社、二〇一一年

◆第18話　職人としての「酒の番人」、その心意気

村松友視『帝国ホテルの不思議』日本経済新聞出版社、二〇一〇年
村松友視『老人の極意』河出書房新社、二〇一五年

安藤更生『銀座細見』(中公文庫)、中央公論社、一九七七年
鈴木昇監修、近代ジャーナル編集部編『バーテンダー今昔物語』近代ジャーナル、一九七〇年
富田昭次「お濠のほとりで半世紀――ホテル文化をリードしたパレスホテルの半世紀」「週刊ホテルレストラン」二〇〇九年三月二十七日号、オータパブリケイションズ
枝川公一『日本マティーニ伝説――トップ・バーテンダー今井清の技』(小学館文庫)、小学館、二〇〇一年
伊藤精介「名バーテンダー物語 第六回」「バッカス」一九八八年三月号、TBSブリタニカ
富田昭次「ホテルバーマン今昔物語」、オータパブリケイションズ編『THE HOTEL BAR'93』所収、オータパブリケイションズ、一九九二年

◆第19話　庭園は屋根がないもう一つの客室

是方法光『椿山荘選書 歴史』藤田観光、二〇一一年
小川栄一『あわてなさんな』文藝春秋、一九七四年
山のホテル企画『The history of half century』山のホテル、一九九八年
福田和彦／山口一重著、国際観光設備協会編『旅館の庭』(「観光設備シリーズ」第七巻)、井上書院、一九六二年
堀部公允「私の坪庭」、内藤忠行『宇宙のかたち――日本の庭』所収、世界文化社、一九九八年
富士屋ホテル130周年実行委員会企画・編集『Legend of history Fujiya Story 130年の贈り物 富士屋色の時間』富士屋ホテル、二〇〇八年
木下彩『「庭のホテル東京」の奇跡――世界が認めた二つ星のおもてなし』日経BP社、二〇一四年
白幡洋三郎『庭園の美・造園の心――ヨーロッパと日本』(NHK人間大学)、日本放送出版協会、一九九八年
米山勇「明治の庭園 大正の庭園」「緑と水のひろば」第七十九号、東京都公園協会、二〇一五年
藤森照信「コンドル先生の不思議」、アルシーヴ社編『鹿鳴館の夢――建築家コンドルと絵師暁英』(INAX booklet) 所収、INAX、一九九一年
鈴木博之／藤森照信「明治の日本に多才で風変わりなイギリス人がやって来た。」「東京人」一九九七年七月号、東京都歴史文化財団

前掲『帝国ホテルの120年』
尼﨑博正『七代目小川治兵衛――山紫水明の都にかへさねば』（ミネルヴァ日本評伝選）、ミネルヴァ書房、二〇一二年

◆第20話　それは一つの作品から始まる

池田満寿夫「筋の通った趣味の良さ」、週刊朝日編『私のひいきの宿――週刊朝日連載』所収、朝日新聞社、一九八六年
ホテルナゴヤキャッスル／ホテルニューナゴヤ／木曾駒高原ホテル所蔵美術品カタログ制作委員会編『美術コレクション』ホテルナゴヤキャッスル／ホテルニューナゴヤ／木曾駒高原ホテル、一九七六年
国際観光ホテルナゴヤキャッスル30年史編纂委員会編『名古屋城のほとりで――キャッスルの風雪30年』国際観光ホテルナゴヤキャッスル、一九八七年
伊藤隆道監修『FINE ART IN THE HOTEL』ホテル日航東京、一九九六年
山下柚実『客はアートでやって来る』東洋経済新報社、二〇〇八年

◆おわりに――過去四半世紀の出来事を振り返って

桑田富美／田中太郎「企業トップが選ぶベストホテル」（アンケート調査）「日経ビジネス」一九九五年十二月二十五日号、日経BP社
「ホテル経営者が選ぶ日本のホテルベスト100」（アンケート調査）「週刊ダイヤモンド」一九九五年十一月十一日号、ダイヤモンド社
澤功「小さな旅館の宝物。」「月刊ザ・ホテル」一九八八年三月号、オータパブリケイションズ
第一ホテル東京ベイ編『Service.』第一ホテル東京ベイ、一九九三年
富田昭次『サービスはホテルに学べ』（光文社新書）、光文社、二〇一一年
ジョン・レディー・ブラック編『みかどの都――〝ザ・ファー・イースト〟の世界』金井圓／広瀬靖子編訳（桃源選書）、桃源社、一九六八年
小山騰『ケンブリッジ大学秘蔵明治古写真――マーケーザ号の日本旅行』平凡社、二〇〇五年
渡辺京二『無名の人生』（文春新書）、文藝春秋、二〇一四年

おわりに——過去四半世紀の出来事を振り返って

日本のホテルの勢力図を変えた外資系ホテル

二〇一六年の訪日外客数が二千四百万人を超えた。

筆者がその数字に注目し始めた一九八〇年代は、百万人台から二百万人台へと推移する時代だった。いまから見れば小さな数字だが、何年も連続して二桁成長の伸びを続けた時期があり、インバウンドの旅行業界の発展を実感したものだった。九〇年代以降、外資系ホテルの進出が目立ち始めたのも、おそらく、こうした下地があって（また、バブル経済が崩壊して、経費面で外資ブランドが進出しやすくなって）のことだろう。

例えば、一九九二年にはフォーシーズンズホテル椿山荘東京（現・ホテル椿山荘東京）、九四年にはウェスティンホテル東京、パークハイアット東京と相次いで高級ホテルが開業した。これらは、帝国ホテルやホテルオークラ、ホテルニューオータニの御三家と対比されて新御三家と呼ばれ、大いに注目を集めた。

そして一九九七年には、大阪にザ・リッツ・カールトン大阪が開業して、ますます外資ブランドの人気が高まっていく。

こうした新しい動きは、この頃から増えるようになった雑誌のランキング調査に如実に表れた。例えば、「日経ビジネス」一九九五年十二月二十五日号。東京地区で総合第一位になったのはパークハイアット東京だった。この調査は上場企業の経営者が投票するもので、「過去十回の調査ではホテルオークラと帝国ホテルが一位を争ってきた」。「トップスリーは、これにホテルニューオータニを加えた「御三家」が独占」してきたのだが、ここにきて御三家の牙城が崩れたのだ。

そして二年後の同誌調査では、フォーシーズンズホテル椿山荘東京が初の東京地区第一位の座を獲得している。

ホテルの経営者が投票する「週刊ダイヤモンド」の調査にも同様な結果が見て取れた。こちらは全国のホテルが対象になっていて、一九九五年から九八年までの三回の調査では、御三家と新御三家が上位六位までを独占している（一九九七年、九八年の調査ではザ・リッツ・カールトン大阪も上位に加わっている）。

このように外資系ホテルの進出は日本のホテルの勢力図を変えるに至ったのだが、それにしても、開業して間もない外資系ホテルがなぜ、それを可能にしたのだろうか。

その理由はいくつか考えられるが、第一に、客室数を抑えた点にあるだろう。それぞれの開業時の客室数は、フォーシーズンズが二百八十六室、ウェスティンが四百四十五室、パークハイアットが百七十八室、ザ・リッツ・カールトンが二百九十二室となっていた。当時の御三家が八百室から千六百室を数えていたのと比べると、大きな差があった。

一般的に、目の行き届いたおもてなしができるのは、どんなに規模が大きくても三百室から四百室程度が限界と言われている。つまり、外資系ホテルは客層を絞り込んで、それだけ濃密な接遇を可能にしやすい方策をとっていたのである（もちろん、御三家がこれほど大規模であるにもかかわらず、第一級のおもてなしを提供していたのも驚くべきことだが）。

その意味では、高級ホテルの理想のあり方を改めて気づかせてくれたのだった。

新しい仕組みや考え方がどんどん投入された

そして、第二の理由として、こうした外資系高級ホテルは、新しい仕組みや考え方を投入して独自色を出したことが考えられる。

例えば、ウェスティンの「サービス・エキスプレス」。これは、電話一つで、同時にさまざまな注文や依頼ができる仕組みである。従来、宿泊客は該当部署ごとに電話をかけてそれぞれの依頼をするので煩雑さを感じる場合があったが、これが解消されたのである。この画期的な仕組みを導入するために、ホテルはコマンドセンターという司令塔を設け、スタッフの連携をより綿密にするために相当な訓練をおこなったようだ。

ザ・リッツ・カールトンは「紳士淑女をおもてなしする私たちもまた紳士淑女です」というモットーで有名になったが、これはスタッフの意識を向上させるために大いに役立ったのではないだろうか。紳士淑女になるためには研鑽も必要だが、同時に自信が植え付けられていったように思える。

やはり、客人をおもてなしするうえで、最も大切なのはスタッフの心構えである（だからこそ、この秀逸なモットーが生まれたとも言える）。外資系ホテルは彼らの心を支えるために、従業員満足度といった尺度を持ち込み、権限を委譲して素早い対応を可能にする土壌を育てていったのである。

三十年前にすでに現れていた人気格安旅館

しかし、訪日外客はいわゆる富裕層ばかりではない。宿泊費用をできるだけ抑え、一日でも長く日本滞在を楽しみたい――そんな旅行者も少なくない。

いまから四半世紀前よりももう少し前のこと。筆者がホテル雑誌の編集者だったとき、東京・谷中の小さな旅館・澤の屋の経営者である澤功に原稿をお願いしたことがある。なぜかと言えば、わずか十二室の小さな格安旅館が多くの外国人を集客していると聞いたからだ。澤は当時のことをこう記している。

「お客の七割は外人客、昨年一年間で世界四十五ヵ国、延べ四千四百人の外人客が泊まった」（澤功「小さな旅館の宝物。」「月刊ザ・ホテル」一九八八年三月号）

澤が勤め先の銀行を辞めて澤の屋の婿養子になったのが一九六四年（昭和三十九年）のことだった。そのときすでに都市旅館の経営は先細りの一途だった。そこで、小規模旅館の有志が集まったジャパニーズ・イン・グループ（一九七九年に七軒で発足）に加盟し、外国人客の誘致を始めた。

しかし、当初は問題噴出だった。

「なにしろ、生活習慣の全く違う国々から初めて日本旅館に来る人たちだから、浴槽の中でシャンプーを使うわ、湯は抜いてしまうわ、ある国の人たちは勝手に調理場に入って来て何でも自由に使うわ……といった具合で、こちらは弱り切ってしまった」

それでも、次第に相手の生活習慣がわかるようになり、悪気があってやっているのではないことを理解できてからは気が楽になったという。

では、どのような人々が宿泊していたのだろう。

「貴族、市長、作家といった、いわゆる文化人も多く、新婚旅行のカップルも少なくない。日本人の感覚では考えられないことかもしれないが、現実なのである」

一泊の料金が三千六百円（当時約三十ドル）。「目的は旅であり、宿は完全に手段」と考えているからこそ、「国際会議に出席した学者とか、日本文化に造詣の深い文化人が、何度となく足を運んでくれるのである」。

過剰に思えるようなサービスは迷惑そのものと考える彼らの価値観と澤の屋の方針がまさに合致したことで、幸せな外国人旅行者が増えていったのである。

澤は最近もテレビに出演して外国人客に困惑していた時期のことを振り返り、張り紙作戦について話していた。風呂の使い方などの注意書きを英文で書いて張りまくったのだ。逆にその英文の間違いを指摘されたりするうちに、客と親密になっていったという。

どんなサービスが大切か、それは人それぞれ

外資系高級ホテルが評価される一方、格安旅館にもこぞって人が集まってくる。これだけでも、おもてなしの尺度は実に幅が広いと言わざるをえないのだが、もう少し興味深い事例を紹介しておこう。

一九九三年、第一ホテル東京ベイ（現・ホテルオークラ東京ベイ）が『Service.』という本を刊行した。文庫本の形態で約二百ページ。そのなかには一般利用者が考える理想のサービスがたっぷりと書き込まれていた。いくつか印象的な記述を紹介しよう。

「親切な透明人間がたくさんいて、何かあると姿が見える、ような雰囲気のある場所がホテルじゃないかな、と思います」（三十歳、女性）

「私にとってサービスとは「また来よう」そう思わせる笑顔だと思う。笑顔はお金では買えない。だから、大きな価値がある、そんなふうに思います」（二十二歳、女性）

「裏方さんの努力こそが、サービスだと思います」（二十六歳、男性）

「従業員の人がその職場で誇りを持って働いているのを見ると、もう一度そのホテルに泊まろうと思います。それも一種のサービスだと思います」（二十四歳、男性）

清潔であることが第一、という声がいくつか見られた。

「「清潔」――ホテルのサービスで一番先に思い浮かべるものはこれである」（二十八歳、女性）

終始、部屋に仲居さんが入ってくる旅館が煩わしいという声のほか、サービスの押し売りをしてほしくない、適度に放っておいてほしいという意見も複数あった。

「サービスとは押しつけるものではない。従業員のさりげない動作や言葉、ちょっとした笑顔に心すれば充分である」（六十三歳、男性）

「私にとってサービスとは、そっとしておいてくれる事である。一泊いくらかでその空間を買っている以上は、私の好きな様にさせてほしい。呼びもしないのに、ベッドカバーをはずしにきたり、

タオル交換にきたりして、ゆっくりくつろぎの時をこわしてほしくはない」（三十歳、女性）

最後の指摘は、高級ホテルで提供されるターンダウン・サービスのことだろう。近年は、確かにこう感じる人も増えてきたようで、あるホテルでは要望を聞いてこのサービスを提供するかどうかを決めるようにしたという。

サービスで何が大切なのかは人それぞれ――ということが改めてわかる本だった。

移り行くおもてなし、変わらないおもてなし

二〇一三年に一軒のホテルが扉を閉めた。ホテル西洋銀座である。

このホテルは第9話でもふれたように、日本のホテルでいち早く本格的なコンシェルジュを配置したが、二〇〇一年からは全宿泊客を対象に、バトラー・サービスを導入して注目された。

バトラーとは執事と訳されるが、あたかもイギリスの貴族の館で主人の世話をする執事のような働きを見せるスタッフのことである。拙著『サービスはホテルに学べ』の取材では、まさに執事を思わせる仕事ぶりを同ホテルのバトラーから聞いた。

例えば、彼の顧客の一人、海外のある有名ブランドの経営者の場合。その人が浴室を利用するときは、湯加減を調節し、湯に浸かっている間に下着やナイトウエアなどを用意、湯から上がったときにはバスローブを広げてお待ちすることまでしていたという。

そして、起床時にはテレビにＣＮＮが映っていないと落第。在室中は、いつ何時用事を仰せつかってもいいように、常に入り口付近で静かに待機するのである。彼は「その方をお世話するのは、

バトラー冥利に尽きます」と語っていた。

そんな徹底した、全宿泊客対象のバトラー・サービスが現在、二〇一〇年に開業したセント・レジス・ホテル大阪でおこなわれている。のちにタイタニック号の沈没で亡くなる大富豪ジョン・ジェイコブ・アスター四世が一九〇四年、ニューヨークでセント・レジスを開業したときにバトラー・サービスを取り入れたという。それだけに年季が入ったおもてなしと言えるだろう。

それでも、大阪では、初めての客に対してはバトラーのほうから積極的に話しかけると聞いた。役割を理解してもらうことが第一歩と考えているからだが、日本人の客に対しては、ときに「旅館に来たと思って、私を使ってください」と説明する場合もあるという。

なるほど、バトラーはある意味、日本の旅館での仲居の働きと等しい部分が多いようだが、そう言えば、最近は、その旅館文化が見直されつつある。一例が石川県の加賀屋の台湾進出である。台湾企業との合弁で二〇一〇年、台北の北投温泉に開業した。

二〇一四年には、第4話でふれたように、旅館の要素を盛り込んだ九室の和ホテルが東京にお目見えしたし、同年開業の大阪マリオット都ホテルには、やはり十室程度だが、靴を脱いで入室する形の客室が登場した。

二〇一六年には東京・大手町に旅館の星のや東京が開業したが、筆者がより興味を抱いたのは、やはり同年、グランドプリンスホテル高輪内に開業した高輪花香路《はなこうろ》である。

こちらは同ホテルが全面改装を施したとき、二階層・十六室の旅館部門を設けたのである。そして、客から要望があれば、日本庭園の入り口の冠木門《かぶき》で和服姿の女性スタッフが出迎え、庭園を散策しながら茶室に誘導、そこで茶の湯を提供した後、客室へ案内——という流れになるという。都会の中心地のホテルにありながら、庭園や茶室が醸す日本の床しい情緒を売り物にしているのだ。外客の増加傾向で生まれた、古くて新しいおもてなしと言えるだろう。

新しい視点、社会へのおもてなし

前掲『サービスはホテルに学べ』の取材で、とくに印象に残った事例があった。ホテルニューオータニが本館の改築を検討しながらも、断念した考え方に感動したのだ。その考え方とは、環境を保護しようという時代に、建物を解体して大量の廃材を出していいのか、既存の建物を生かしながら耐震性と快適性を高める方策を模索すべきではないかというものだった。

そこで、同ホテルは築四十年以上の建物をどう改善すべきか研究を重ねた。例えば、密閉された客室では真冬でも西日で室温が上がり、冷房を望む宿泊客が少なくない。それをどう解決するか。眺望をよくするために窓を大きくすることはできないか。そうした改善点を洗い出し、前者については新たな空調の仕組みで、後者では全面ガラス張りという思い切った改装で解決していったのである。

同ホテルでは、以前から生ごみの資源化や厨房排水のトイレ洗浄への再利用化など、環境対策に取り組んでいた。その姿勢が本館の取り壊しを踏みとどまらせたわけである。

近年、企業には社会的責任が問われるようになっている。ホテルも例外ではなく、さまざまな環境対策や慈善事業を展開するホテルも多くなってきている。

実際、経済産業省は二〇一七年度からホテル事業者を対象に、省エネ対策を四段階で評価する取り組みを始めるという。この新しい制度を報じた二〇一六年十二月二十四日付の「読売新聞」夕刊によると、空調や調理、照明などで消費するエネルギーが一定以上になる二百社程度を対象に、毎年の電力やガスの消費量を報告させるというもの。そして優良なホテルをSクラスと認定し、連続して達成できれば「星」を与える計画もあるという。

こうした分野は、ホテルらしく言えば、社会へのおもてなしである。ホテルに対する評価に、このような視点が加わってきたのも今日の傾向である。

明治期のイギリス人旅行者が下した評価

それにしても、と改めて思う。おもてなしの考え方や手法を海外から学んだ例も見受けられたし、また、日本のホテルや旅館に対する批判も少なからずあったことは本文でふれたとおりだが、それでも、日本人がおもてなしに努める姿勢には、ある種の豊かさを感じるのである。その根本には、何があったのだろうか。

江戸時代から明治時代へと時代が大転換を果たすと、外国人が訪れ始め、彼らはさまざまな手記を残した。それらには、日本人に対して好意的な記述が少なくなかった。

例えば、第6話と第7話でふれたイザベラ・バードもそうだったが、彼女が来日するさらに七年前の一八七一年(明治四年)のこと。江戸時代の空気がまだ色濃く残っていたであろうこの時期に、一カ月にわたって横浜から静岡や富士山をめぐって甲府に入り、信濃路、前橋、熊谷と旅したイギリス人三人組がいた。

彼らの旅行記は『みかどの都』で読むことができる（イギリス人らの実名は不明）。

彼らは道中、茶屋から本陣までさまざまな施設に泊まったが、「勘定はたいへん安かった。そしてこんなたのしいところを立去るのが残念で仕方なかった」ところもあれば、「ほんとうに封建的な形式で迎接を受けた。世帯全員が床に手をついておじぎをして」くれたところもあった。薄汚い茶屋もあれば、かび臭い蚊帳や蚤に苦しめられた宿もあった。天と地ほど隔たりがあるそれぞれの施設で、彼らは印象深い宿泊体験を得たようだ。旅行中は「一片の粗暴や無礼をも経験せず、反対に、この上ない親切と配慮とにあずかったのである」と締めくくっている。

ただし、筆者が文献を探索しているとき、日本での旅によって日本が大嫌いになった人物がいたことを知った。旅行家や博物学者、文筆家として活躍したイギリス人のヘンリー・ギルマールで、一八八二年（明治十五年）から翌年までの五カ月間、ヨットで周遊し、日本に対して不愉快極まりない印象を抱いて帰国しているのだ。小山騰《のぼる》の『ケンブリッジ大学秘蔵明治古写真』から彼の手紙文の一部を引用してみよう。

「私は日本には失望した。日本は話にならないくらい誇張された国であると思う。（略）小さな、発育がゆがめられた、惨めな植物をこしらえることほど、不愉快なことはない」

これは、いまは外国人にも人気がある盆栽のことだろう。

「日本は、私が訪れた中では最も汚い、最も臭い国である」

著者の小山は「おそらく、下水施設のないことと、耕作に下肥を使用しているのが日本を訪問した外国人にとっては耐え難い悪臭に感じられたのだろう」と推測している。

ギルマールは、日本人に対して「みんな親切で、礼儀正しく、勤勉である」とか、「日本で受けた一番いいもてなしの一つは玉泉師〔日本画家・望月玉泉のこと：引用者注〕に会ったことである」などと評価したが、「欠点の方が圧倒的に大きく」、日本嫌いになってしまったのだった。

おもてなし上手、その源には何が……

確かに、西洋文明の国からやってきた人にとって、西洋化がまだ進んでいなかった明治初期の日本には受け入れがたい部分が多くあったのだろうが、おもてなしの根幹に関わる日本人の心や気風に対してはギルマールも十分に認めていた。

では、なぜ日本人は外国人に気に入られたのだろうか。

江戸期や明治期に関する著作を残している渡辺京二が、その理由を『無名の人生』でこう記している。

「江戸期の人びとは、辛いことは軽く脇にそらしてやりすごす術に長けていた」

この気風が明治時代にも残り、外国人の目に留まったというのだ。

「幕末・明治期に日本を訪れた外国人の記録を読んでいてまず驚いたのは、外国人の誰もが「日本人は幸せだ」と書いていることでした」

もちろん、実際はすべての人が幸せではなかった。渡辺はこう書き続けている。

「実際問題として、個々の日本人を見れば、幸福な人もそうでない人もいたにちがいありません。

それでも、社会的なマナーとして「朗らかにやろうじゃないか」「和やかにやろうじゃないか」という態度を示し合っていて、そこのところを彼ら外国人の多くが心に留めたのでしょう」

明治時代、多くの人は心を平穏に保っていた。それが、おもてなしにも反映されていたということなのではないだろうか。おもてなしは実に多くの要素で成り立っていることを本書で見てきたが、その根本は人の心にあったということなのだ。

心が荒れた人、何かに不満を感じている人に客人を接遇することはできない。だからこそ、ヒルトンは総支配人をホテルに住まわせ、野村洋三はスタッフにも握手を求め、鈴木剛は古めかしい大入り袋を活用してスタッフの心のありようをいつも確かめ、人の和を保っていた。前述したように、最近の外資系ホテルが従業員満足度に注目したのも、その証左である。

近代から今日まで、目配りのこまやかさで客人をもてなしてきた日本人。その源には、心の平安があった——こう結論づけてもいいのではないだろうか。

さて、拙稿をいつもいい本に仕上げてくださる矢野恵二氏には、今回も〝丁重なおもてなし〟を受けた。いつの間にか筆者の定宿になった青弓社の居心地のよさに感謝します。

［著者略歴］
富田昭次（とみた しょうじ）
1954年、東京都生まれ。立教大学卒業
ホテル専門誌の編集記者、編集長を経て、ホテル・旅行作家の活動に入る
著書に『ホテル百物語』『ホテル博物誌』『ホテルの社会史』、『ホテルと日本近代』（韓国で翻訳）、『旅の風俗史』（台湾で翻訳）、『絵はがきで楽しむ歴史散歩』『絵はがきで見る日本近代』（いずれも青弓社）、
『サービスはホテルに学べ』『おひとりホテルの愉しみ』『東京のホテル』『「極み」のホテル』（いずれも光文社）、
『キャピトル東急ホテル物語』『鯨を釣る男 天才ホテリエ マイク近藤の生涯』『最上のホテル その隠された秘密』『東京ヒルトンホテル物語』（いずれもオータパブリケイションズ）、
『ノスタルジック・ホテル物語』（平凡社）、『日本ホテル協会百年の歩み』本編執筆（日本ホテル協会）、『恋愛ホテル』監修（にじゅうに）など

「おもてなし」の日本文化誌《にほんぶんかし》　ホテル・旅館の歴史に学ぶ

発行――2017年5月26日　第1刷
定価――2000円＋税
著者――富田昭次
発行者――矢野恵二
発行所――株式会社青弓社
〒101-0061 東京都千代田区三崎町3-3-4
電話 03-3265-8548（代）
http://www.seikyusha.co.jp
印刷所――三松堂
製本所――三松堂

ISBN978-4-7872-3416-2 C0036

富田昭次

ホテル百物語

歴史的な建造物としてのホテル、市庁舎に生まれ変わった城郭風ホテル、豪華なもてなしを競うホテル、戦争の舞台や戦後のシンボルになったホテル……。エピソード満載の百物語。　定価2000円＋税

富田昭次

ホテル博物誌

ホテルの魅力とは何か——。華やかな非日常の空間＝ホテルをめぐる史実やドラマを、文学・美術・事件・建築・食文化などをキーワードにして文献・史料や取材によって描き出す。　定価2000円＋税

富田昭次

旅の風俗史

宿泊施設・観光施設の建設、名所や特産品を紹介して旅情を誘うメディアの発達……。旅行の原形を作った鉄道旅行、名所・山水、海外旅行などを多くの貴重な図版を交えて紹介する。定価2000円＋税

富田昭次

絵はがきで楽しむ歴史散歩

日本の100年をたどる

東京の名所案内、近代化する都市、暮らしと文化、近代史を飾った人々、新しい技術と産業、戦後復興と高度成長期の絵はがきで、近代日本の100年という一大パノラマを展望する。　定価2000円＋税